我国页岩气开发项目的价值评估与投资策略研究

郭菊娥　刘子晗　著

科学出版社

北　京

内 容 简 介

本书立足我国企业以页岩气开发项目为载体的投资决策问题。基于页岩气开发项目的投资价值评估、企业投资策略及政府投资激励等问题展开系统研究，给出页岩气开发项目投资的价值，提出企业项目投资的时机选择及政府投资激励措施实施的外部经济性。本书可为油气开发企业的投资决策和政府制定或调整的页岩气开发项目激励政策提供参考依据。希望本书的研究成果能为人们带来启示，为全面有序开展页岩气的投资活动提供决策参考。

本书的目标读者为从事非常规油气开发的企业投资管理决策者、从业人员及关注非常规油气开发的高等院校、科研机构研究人员，特别是对非常规油气开发项目中风险探井、开发井及规模化开发发展的投资时机选择等方面决策感兴趣的研究者。

图书在版编目（CIP）数据

我国页岩气开发项目的价值评估与投资策略研究 / 郭菊娥，刘子晗著.
—北京：科学出版社，2019.11

ISBN 978-7-03-061436-0

Ⅰ. ①我… Ⅱ. ①郭… ②刘… Ⅲ. ①油页岩资源－油气田开发－项目评价－研究－中国 ②油页岩资源－油气田开发－工程投资－研究－中国 Ⅳ. ①F426.22

中国版本图书馆 CIP 数据核字（2019）第 109983 号

责任编辑：王丹妮 / 责任校对：贾娜娜
责任印制：张　伟 / 封面设计：无极书装

科学出版社 出版
北京东黄城根北街 16 号
邮政编码：100717
http://www.sciencep.com

北京虎彩文化传播有限公司 印刷
科学出版社发行　各地新华书店经销
*
2019 年 11 月第 一 版　开本：720 × 1000　1/16
2019 年 11 月第一次印刷　印张：9
字数：180 000

定价：68.00 元
（如有印装质量问题，我社负责调换）

作者简介

郭菊娥

女，1961 年生，教授；西安交通大学领军人才；教育部高等学校软科学研究基地中国管理问题研究中心执行副主任。2016 年入选国家"万人计划"哲学社会科学领军人才，2015 年入选文化名家暨"四个一批"人才计划，1993 年开始享受国务院特殊津贴。近 5 年主持省部级以上课题 10 余项，发表论文 100 余篇，被 SCI/SSCI 分别收录 20 篇，获省部级以上学术奖励 7 项，其中"宁东特大型煤炭基地开发建设及深加工关键技术研究"于 2014 年获国家科技进步二等奖；提出的系统综合因素预测模型应用到全国粮、棉和油产量预测，连续 5 年获得党中央领导重要批示，2015 年获得中国科学院科技促进发展奖科技贡献二等奖；撰写专家建议被省部级以上采纳 11 篇，撰写专著 5 部；主要研究投融资决策与风险管理、能源战略与政策等。

刘子晗

男，1987 年生，管理学博士，研究方向为投融资决策与风险管理。西安交通大学管理学院工商管理专业博士研究生毕业。就读学位期间发表多项研究成果，主要发表于 *Applied Economics*、《运筹与管理》等最具学术影响力的期刊及国家基金委 A 类期刊，参与国家自然科学基金等多项课题的研究工作。

序

  "十二五"规划提出加大天然气资源勘探开采力度，促进天然气产量快速增长，推进页岩气、致密气及煤层气等非常规油气资源开采利用的能源发展战略。"十三五"期间国家发布了《能源技术革命重点创新行动路线图》，对国内页岩气、致密气及煤层气等非常规油气的开采创新做出重要指示。2016 年国家能源局印发《页岩气发展规划（2016-2020 年）》，为未来非常规天然气开发给出明确目标。美国从 1821 年首次开采出页岩气到 2000 年实现大规模商业化开发以来，产能与经济可采量逐年攀升。特别是 2005 年以来大规模水力压裂与水平井技术的突破性发展，使美国页岩气产能于 2010 年达到近 1510 亿立方米，占天然气生产总量的 25%，储采比为 18.3 年；2016 年产量达到 4820 亿立方米，占天然气总产量的 64.3%，储采比为 12.3 年。美国页岩气开发技术的成功突破，带来了能源发展领域的一次重大变革，在全球范围内掀起了非常规天然气开发的热潮。

  我国国土资源部 2012 年数据显示，页岩气技术可采资源量为 25.08 万亿立方米，致密气技术可采资源量为 8.1 万亿～11.4 万亿立方米，具有整装规模性开采条件的资源量至少在 7 万亿立方米，煤层气等主要非常规天然气种类的资源禀赋良好，具有广阔的开发前景。据悉四川省威远县新场镇"威 201 井"是中国第一口页岩气井，2009 年开钻，次年 10 月投产，初期日产气量为 2000 立方米，累计商品生产气量达 80 万立方米。2017 年我国页岩气产量约为 90 亿立方米，较 2016 年增长了 14.2%，累计页岩气产量达 226.4 亿立方米。目前四川盆地及周缘的海相地层已累计探明页岩气地质储量达到 7643 亿立方米，其中重庆涪陵页岩气田累计探明页岩气地质储量为 6008 亿立方米，成为北美之外最大的页岩气田。1971 年我国四川盆地发现中坝致密气田，2012 年致密气产量突破 300 亿立方米，占全国天然气总产量的三分之一，广泛分布于鄂尔多斯、四川、松辽、渤海湾等多个盆地，有利勘探面积为 32 万平方公里，其中鄂尔多斯和四川盆地最为丰富。中国工程院预测，2020 年煤层气产量约为 500 亿立方米。因此，非常规页岩气、致密气、煤层气已然成为我国非常规天然气生产的三大主力，对缓解我国能源安全、优化能源供给消费结构具有重要的社会价值与战略意义。

  随着非常规天然气产能规模的扩大，如何使现代信息处理技术服务于生产活动是企业关注的现实问题。从我国目前数字化油田建设的现状来看，基本实现了物探、打井、钻井、压裂等各子流程环节分别进行信息采集、处理、分析、决策的局部闭环，但各主体之间数据传递缺失现象严重、传递效率低、交互决策程度不高，大多停留在不同部门主体点对点决策。特别是决策数据主要是本部门采集到的数据，并没有上升到企业层面的数据分析和共享，导致管理决策呈现逐级决策、多级决策的特征，还未能形成生产管理数据建模智能化决策的管理方法。中国科学院院士、中国石油化工股份有限公司副总地质师金之钧说："我国页岩气资源量位居世界前列，只要我们坚持不懈继续干，中国也有望迎来'页岩气革命'"。可以预见，以中国石油化工集团有限公司（简称中石化）、中国石油天然气集团有限公司（简称中石油）为代表的科研单位和企业攻克了一个又一个难关，未来关于页岩气、致密气、煤层气产业发展的相关研究必将持续升温。因此，在现代工程管理框架下，从经济管理视角探究非常规油气开发项目生产规律等问题具有很强的实际应用价值。

西安交通大学管理学院郭菊娥教授研究团队，依托教育部高等学校软科学研究基地中国管理问题研究中心，搭建了围绕能源项目投资、数据分析智能决策的非常规油气开发管理等研究科研平台。受国家自然基金支持系统展开了"我国非常规油气开发技术工程化实现的投资激励策略研究"、"我国非常规油气开发的环境污染源辨识、评估及其信息共享策略研究"，以及"四个一批"人才计划支持的"大数据驱动下的我国非常规油气开发智能化决策研究"和企业支持等研究工作，呈现出了一批优秀的研究成果。该书的顺利出版，对非常规油气资源开发领域推动多学科交叉研究具有重要的引领作用，彰显了"科学研究服务于社会"的示范效应。我们期待社会各界人士对本书内容提出宝贵的意见与建议。

2019 年 3 月

前　言

页岩气是一种清洁高效的非常规天然气资源，较常规油气相比开发难度更大、技术设备要求更高、投资回报期更长，盲目投资将背负巨大风险。经济发展新常态推动能源结构持续优化调整，为其大规模开发提供了战略机遇。为鼓励各类资本进入，政府也降低了准入门槛并实施了多项激励措施。然而，地质条件复杂、开发成本高昂和投资收益不确定等现实情况，使我国第三轮页岩气公开招标搁浅至今，前两轮中标企业"围而不探，探而不采"现象也逐步凸显，反映出我国页岩气开发进程中存在投资可行性评价、投资时机选择及政策激励等方面的问题。本书以页岩气开发项目为载体，结合涪陵页岩气田实地调研信息，从投资评价、投资决策及投资激励三个层面，通过数理建模和模型推理分析等方法，探索开发企业如何准确评价页岩气开发项目投资价值并做出科学的投资决策，以及政府如何最优安排页岩气投资激励政策并给出合理的激励水平。本书主要做了以下四方面的研究工作。

第一，依据技术学习曲线理论改进成本测算方法，运用复合期权定价理论识别多期投资的灵活性价值，建立页岩气开发项目价值评估模型，提供了页岩气开发项目投资可行性的判断准则。考虑技术学习对开发成本的影响，用页岩气钻井数量衡量产出，用单位页岩气井成本变动趋势刻画页岩气开发技术学习曲线，拓展学习曲线理论内涵与外延，给出页岩气开发成本测算方法，进一步论证页岩气开发项目多阶段投资的复合期权特征，建立复合实物期权改进的项目价值评估模型。研究发现：忽略技术学习会降低页岩气开发项目投资的可行性，技术学习成本的存在决定技术学习强度的增加并不一定会增大页岩气项目的投资价值。研究规避了忽略技术学习效应而高估开发成本的缺陷，克服业界普遍采用传统净现值评价模型未能考虑多期管理灵活性战略价值的不足。改进的价值评估模型能够给出被传统评价模型低估的灵活性价值，识别更多页岩气开发项目投资机会。

第二，结合页岩气开发项目产能和产量特征，构建市场需求不确定情境下的页岩气项目投资时机与钻井数量决策模型，揭示了项目内在特征对投资决策的影响机理。运用蒙特卡洛模拟方法验证页岩气市场需求服从几何布朗运动（geometrical Brownian motion，GBM）过程假设的可行性，考虑规划产能与实际产出的不一致性、单井产量递减性及资源丰度差异性对投资决策的影响，引入钻井成功率、产气量递减率和初始采气率变量，构建页岩气开发项目投资时机与钻井数量决策模型，给出开发企业最佳投资时机和最优钻井数量。研究发现：最佳投资时机受单位钻井成本影响，却与最优钻井数量无关，最优钻井数量受市场需求期望增长率和波动影响，而与市场需求大小无关；不确定性、产气量递减率或钻井成本的增大将导致投资延迟和钻井数量增加；投资阈值与最优钻井数量呈同向变动规律。研究克服了标准实物期权模型不能充分讨论项目特征对投资决策影响的不足，对非常规油气开发投资时机和规模选择提供了理论支持。

第三，基于开发企业异质性和开发模式差异，构建不对称双寡头开发企业领先-追随投资期权博弈模型，揭示了竞争与合作投资模式投资均衡策略及异同。考虑双寡头企业合作对开发成本的影响，引入合作效率变量并进一步放松企业同质性假设，将现有对称双寡头期权博弈模型拓展为更贴近页岩气开发实际的投资成本和采气量不对称投资博弈模型，给出不对称双寡头企业在竞争与合作模式下的投资阈值、不同价格区间内的投资均衡策略及其异同。研究发现：竞争模式下双寡头市场存在等待均衡、抢占均衡、序列均衡和同时投资均衡，合作模式下不存在抢占均衡；竞争模式下抢先投资时点会早于最佳投资时点，合作模式下均在最佳投资时点进行投资；开发投资成本和技术可采气量的不对称性都会引起投资策略的改变，投资阈值对投资成本不对称性程度的变化更加敏感。研究丰富了期权博弈理论的应用，弥补了传统期权博弈模型只讨论双寡头竞争而忽略合作的不足，有利于开发企业基于市场格局科学选择投资互动策略。

第四，引入社会收益变量衡量页岩气开发带来的正外部性收益，构建页岩气开发投资激励模型，论证给出政府激励策略选择的边界条件及不同激励方式下的激励水平。考虑激励成本和社会收益对政府激励策略的影响，引入社会收益变量，构建页岩气开发投资激励模型，论证给出政府即时和延迟激励策略选择的社会收益阈值条件，推导出开发企业按照政府规划投资的税收减免额度和产量补贴水平。研究发现：市场需求水平和社会收益评估价值越高，政府越倾向于采取即时激励策略；社会收益价值小于政府激励成本支出时，政府更倾向于采取延迟激励策略；市场需求的不确定程度越低，政府越容易满足开发企业立即投资所要求的激励水平，且不确定性程度低于某个特定水平时，开发企业在政府规划时刻投资将自发实现而无须激励；若政府激励忽略突发事件的不利影响，开发企业投资可能会晚于政府预期。研究深化了现有即时投资激励理论，并将其拓展到延迟激励情境，为政府制定或调整页岩气投资激励政策提供参考。

本书主要内容为笔者指导的博士生在攻读学位期间的研究成果。笔者在此感谢研究团队成员在本书出版过程中的辛苦付出，也特别感谢科学出版社编辑的帮助。

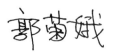

2019 年 3 月

目　　录

第1章 绪 论

页岩气是一种清洁高效的非常规天然气，在以天然气为过渡的新一轮能源结构转型浪潮中扮演着重要角色。为加快发展页岩气产业，我国先后出台并实施了多项产业政策和投资激励政策；为实现投资主体多元化，政府放宽了市场准入标准，鼓励中小型企业和民营企业等社会资本参与页岩气开发。在利好政策环境下，国土资源部（现为自然资源部）先后组织了两轮页岩气区块招标，反应强烈但效果较差[①]，此后页岩气开发投资更是频频遇冷。有效指导和引导社会资本积极参与，是加快我国页岩气开发进程的重要途径，也是页岩气开发投资评价和投资决策实践中需要不断探索的重要内容。本书基于我国页岩气资源勘探开发现状，依据涪陵页岩气田实地调研信息，借助实物期权理论及模型分析等方法，对页岩气开发项目价值评价、不同市场情境下开发企业投资决策及政府激励问题进行研究。

1.1 页岩气项目投资的实际背景

1.1.1 现实背景

美国是世界上对页岩气开发最早的国家，也是目前唯一实现大规模商业性开发的国家。自从 1821 年第一口商业页岩气井诞生于美国阿巴拉契亚盆地，依靠水平钻井和水力压裂技术的成功应用和推广，美国页岩气产量从 2000 年的 122 亿立方米迅速增长到 2010 年的 1380 亿立方米，10 年间产量增长了 10 多倍。美国页岩气产量的急剧增长使得其在 2009 年（6240 亿立方米）首次超过俄罗斯（5820 亿立方米）成为全球第一大天然气生产国。美国页岩气的快速发展改变了其能源消费结构，降低了煤炭及其他能源的消耗比例，也减少了对中东国家石油的依赖。所产生的影响不仅增强了美国在能源外交、应对气候变化等方面的主导权，也影响世界能源格局、地缘政治乃至全球经济秩序。美国页岩气的快速发展主要得益于开发早、技术成熟、市场开放自由及政府大力扶持等。

美国页岩气规模化开发颠覆了"非常规油气资源只是常规化石能源补充"的传

---

① 2013 年 6 月和 2014 年 1 月，国土资源部、国家发展和改革委员会（简称国家发改委）、国家能源局及贵州省等组织了几次开发进展汇报会，结果仅有少数企业的勘探工作取得了实质性的进展。2014 年 11 月 3 日，国土资源部开出罚单，中国石油化工股份有限公司和河南煤层气开发利用有限公司因为没有完成在首批页岩气招标获得的两个区块上所承诺的勘查投入比例，分别被处以罚金 797.98 万元和 603.55 万元，并被核减勘查区块面积。

统认知，为能源供应和能源替代提供了全新的视角，也为我国油气工业的发展提供了崭新的思路。我国页岩气资源储量巨大，投资开发前景广阔。2009 年，中国地质大学通过统计法、类比法等估算得出，中国页岩气可采资源量为 260 000 亿立方米；2011 年，美国能源信息管理局（Energy Information Administration，EIA）评估中国页岩气技术可采储量达 361 000 亿立方米，占全球总量的 19%，居世界第一位；2012 年，中石油勘探开发研究院廊坊分院根据类比法估测的中国页岩气资源量为 215 000 亿～450 000 亿立方米；2012 年国土资源部发布《全国页岩气资源潜力调查评价及有利区优选成果》，称中国页岩气可采资源潜力为 250 800 亿立方米（不含青藏地区），其中勘探开发地区可采资源量达 159 500 亿立方米。尽管各机构对中国页岩气资源评估的范围和评估结果存在一定差异，但均表明中国页岩气资源储量巨大。"富煤贫油少气"的能源禀赋特征导致近年来国内天然气供需矛盾日益突出，对外依存度逐渐攀升（图 1-1）。鉴于中国的能源禀赋，考虑到核能、水电的安全和有限性，以及可再生能源短期的制约因素，大力开发储量丰富的页岩气是中国中长期调整能源结构最为现实的选择。截至 2011 年底，我国石油企业开展了 15 口页岩气直井压裂试气，9 口见气，证实了我国具有页岩气开发前景。2014 年以来，中国页岩气勘探开发投资在过去 5 年累计达 30 亿美元，钻井超过 400 口，总产量已达 57.18 亿立方米。更令人瞩目的是，2015 年全国页岩气产量实现 44.71 亿立方米，同比增长 258.5%。2018 年，自然资源部油气资源战略研究中心预测，到 2020 年，我国页岩气探明可采储量约 20 000 亿立方米，产量将达 1000 亿立方米，页岩气将占天然气消费比重的 26%左右，将成为我国天然气能源的重要支柱。

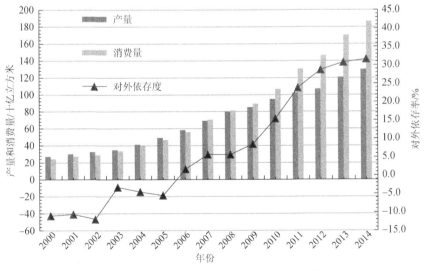

图 1-1 我国天然气产量、消费量及对外依存度

数据来源：BP《世界能源统计年鉴 2016》

我国政府对页岩气的发展也寄予厚望，先后出台多项规划、通知及扶持政策（表 1-1），试图通过确定能源发展方向、财税优惠政策及规范产业发展的组织和制度等，助力我国页岩气产业快速发展。

表 1-1　页岩气开发相关政策

时间	涉及页岩气开发的相关政策或通知
2011-03	《国民经济和社会发展第十二个五年规划纲要》中明确要求推进煤层气、页岩气等非常规油气资源的开发利用
2011-12	国土资源部发布公告将页岩气正式列为第 172 个新矿种，将对其按单独矿种进行投资管理
2012-03	国家发改委、财政部、国土资源部和国家能源局正式发布《页岩气发展规划（2011-2015 年）》，旨在规范和引导"十二五"期间页岩气开发利用
2012-04	国土资源部审议《全国页岩气资源调查评价与勘查示范实施方案》，提出在 2012～2020 年，积极推进页岩气资源调查评价工作，实施勘查示范工程，促进全国页岩气勘查快速发展，摸清我国页岩气资源家底和开发利用前景
2012-11	财政部和国家能源局下发《关于出台页岩气开发利用补贴政策的通知》，中央财政对页岩气开采企业给予补贴，2012～2015 年的补贴标准为 0.4 元/立方米，补贴标准将根据页岩气产业发展情况予以调整
2013-10	为全面贯彻落实科学发展观，合理、有序开发页岩气资源，推进页岩气产业健康发展，提高天然气供应能力，促进节能减排，保障能源安全，根据国家相关法律法规，国家能源局制定了《页岩气产业政策》
2014-06	国务院办公厅印发《能源发展战略行动计划（2014-2020 年）》。该计划提出，我国要大力发展天然气，重点突破页岩气和煤层气开发。着力提高四川长宁-威远、重庆涪陵、云南昭通、陕西延安等国家级示范区储量和产量规模，同时争取在湘鄂、云贵和苏皖等地区实现突破。到 2020 年，页岩气产量力争超过 300 亿立方米
2015-03	重庆市办公厅发布《重庆市页岩气产业发展规划（2015-2020 年）》，到 2020 年，实现页岩气产能 300 亿立方米，产量 200 亿立方米
2015-04	财政部发布消息，"十三五"期间，中央财政将继续实施页岩气财政补贴政策，从而进一步加快推动我国页岩气产业发展，提升我国能源安全保障能力，调整能源结构，促进节能减排：2016～2018 年的补贴标准为 0.3 元/立方米；2019～2020 年补贴标准为 0.2 元/立方米

从表 1-1 可见，我国政府已经从政策上放低了页岩气领域的准入门槛，鼓励各类资本进入。利好的政策环境一度使页岩气开发投资成为中小型企业和民营企业等社会资本参与追逐的热点。然而，我国页岩气开发投资仍面临诸多问题，主要表现在以下几个方面。

1. 开发企业面临高成本困境且存在投资评价误区

我国页岩气勘探开发与北美相比起步较晚，从我国页岩气勘探开发阶段来看（图 1-2），我国页岩气开发仍处于开发示范的起步阶段，技术体系不成熟。加之与美国相比，我国的页岩气地质条件和地表条件更为复杂。这些因素导致我国页岩气勘探开发难度较大和开发成本高。目前，涪陵页岩气田的单井平均综合成本为7000万~8500万元，长宁-威远页岩气田的单井平均综合成本为6500万~7500万元，开发成本是美国单井平均综合成本（约3000万元）的2~3倍。按照目前油气开发行业内普遍采用的净现值（net present value，NPV）评价方法，许多页岩气区块开发可能尚不满足经济可行性条件。这也许正是众多企业对页岩气开发持观望态度的一个重要原因。合理评价页岩气区块的投资价值是开发企业参与页岩气开发的前提，然而NPV评估方法会忽略页岩气开发项目内在因素（地质复杂程度、资源品位、资源丰度等）对投资收益的影响，外在因素（技术学习、灵活性决策、开发效率等）降低开发成本的作用，不能有效识别从技术可开采到经济可开采的转折点，如果只从表面分析所获取的已进入企业支付的高昂成本，许多欲进入企业往往会得出偏离实际的误导性评价结果。如何更加准确地评价页岩气开发项目投资价值，对开发企业提出了新的挑战。

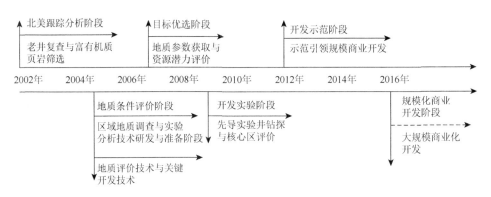

图 1-2　我国页岩气发展阶段划分

2. 高市场风险和长回报期增大了开发企业投资决策困难

2013年国土资源部和国家能源局正式发布的《页岩气产业政策》已经提出页岩气将采用市场定价原则，虽然目前页岩气市场的定价机制并未出台，但可以预期未来页岩气需求将由市场决定。市场化机制下，页岩气需求将受诸多因素影响，包括国内替代能源（煤炭、石油、常规天然气及其他非常规油气等）供给量及其价格、环境压力、气候条件等。其中，国外能源进口量对页岩气市场需求及国内燃料油和液化石油气等替代能源价格造成的冲击不容忽视。按照我国的能源战略构想，为保障能源安全规划的四大油气能源进口通道，海上、中国-中亚、中国-缅甸通道都已经开始向国内输入天然气和石油。中俄签署的《中俄东线供气项目购销合同》约定于 2018 年俄罗斯开始通过中俄东线向中国供气，供气量逐年增长。进口天然气和进口替代能源量的大小受全球能源供需影响将存在不确定性，且会对国内能源价格形成冲击，燃料油和液化石油气等替代能源的价格波动也会引起页岩气市场需求的不确定，导致页岩气价格变化，进而影响投资收益的不确定。经济学将投资定义为对未来回报的预期而承受瞬间成本的行为，开发企业投资页岩气项目的最终目的是获取投资收益。高度不确定的市场环境下，面对页岩气开发项目投资，开发企业不能准确预期投资收益，这将增大开发企业投资决策难度，如开发企业面临不确定的市场需求如何选择合适投资时机和最优投资规模等。此外，开发难度和地质储藏条件决定了页岩气开发项目投资回报期长于常规油气开发项目。页岩气属于非常规天然气的一种，开发难度大，开发周期长已被业界所熟知。根据中国石化出版社的《当代石油和石化工业技术普及读本：天然气开采》一书所述，常规天然气和非常规天然气就是依据开采方式不同来划分的，后者的开采难度要大得多，这在一定程度上决定了页岩气开发周期较长。而且，从储藏条件来看，大部分页岩气分布范围广、厚度大，且普遍含气，这使得页岩气井能够长期以稳定的速率产气，因此与常规天然气相比，页岩气开发具有开采寿命长和生产周期长的优点。2012 年财政部经济建设司能源政策处副处长李成在《页岩气发展规划（2011-2015 年）》发布会上也指出，由于页岩气的开发具有投入规模大、产出周期长、回报慢等特点，现实环境的不确定性和时间因素会对投资产生不可忽视的影响。面对高风险和长回报周期的页岩气开发项目投资，即使这项投资具有经济可行性，开发企业仍需要更加审慎地进行投资决策。

3. 页岩气开发投资激励效果不理想导致开发进程缓慢

至今财政部和国家能源局已经两次出台关于页岩气开发利用补贴政策的通知，且补贴标准已经有所调整。其中，2012 年财政部和国家能源局下发《关于出台页岩气开发利用财政补贴政策的通知》，提出中央财政对页岩气开采企业给予补贴，2012～2015 年的补贴标准为 0.4 元/立方米，补贴标准将根据页岩气产业发展情况予以调整。2015 年财政部和国家能源局再次发布《关于页岩气开发利用财政补贴政策的通知》，通知 2016～2020 年中央财政对页岩气开采企业将继续给予补贴，2016～2018 年的补贴标准为 0.3 元/立方米；2019～2020 年补贴标准为 0.2 元/立方米。然而，2013 年 6 月和 2014 年 1 月，国土资源部、国家发改委、国家能源局及贵州省等组织了几次开发进展汇报会，结果显示仅有少数企业的勘探工作取得了实质性的进展。原本应该在 2013 年底启动的第三轮招标一再搁浅。国内学者也提出我国页岩气开发存在投资激励不足的问题。如刘楠楠（2014）指出受地质储藏条件及运输成本的限制，页岩气的开采技术难度大、运输成本畸高，我国现有财税政策并未给予其足够的支持。赵迎春（2015）通过对比煤层气和页岩气开发现状和政策，发现页岩气补贴政策支持力度不够，缺乏有力、有效的财税扶持政策。

综上所述，美国页岩气开发取得的巨大成功与我国巨大的资源潜力和利好的政策环境一度激发了我国页岩气开发投资热情。然而，我国页岩气开发投资仍面临投资可行性评价和投资决策障碍及激励不足等问题，这些问题阻碍了页岩气开发进程，有待进一步从理论层面化解页岩气开发投资面临的困境。

1.1.2 理论背景

1. 学习曲线理论的发展为页岩气开发项目投资评价提供了理论支持

学习曲线理论可以追溯到 Wright 在飞机零部件制造过程中发现单位劳动力成本随着产量的翻倍以恒定速率下降的规律，其图形表示被称为学习曲线或经验曲线。学习曲线常常被定义为伴随生产者行为学习与经验积累而使得产出得到改进的特征函数。此后，这一理论被应用到了一般生产、船舶制造、燃料技术、能源供应技术、能源需求技术及环境控制技术等领域中来描述学习效果。学习曲线理论揭示了重复同样工作能够带来工作绩效的提高，被证明是有效监测员工绩效的理论方法。因此，学习曲线方法被广泛地运用于分析和控制生产操作、分配工作任务、衡量生产成本及估计咨询成本和分析技术实现等方面。许多因素可能会影响学习过程，如先前经验积累、工作复杂性、工作动机及学习培训的结构安排等。然而，学习曲线对企业的生产计划活动和投资决策也可能产生重要影响。

能源技术在推广过程中普遍表现出显著的技术学习效应，这种效应是推动能源供应和需求成本下降，塑造未来全球能源系统最重要的一个因素。技术学习效应通常用技术学习曲线来表示技术成本的规模效应或学习效应，即随着技术规模的不断扩大，技术成本不断降低的过程。从 20 世纪 90 年代开始，由于能源技术政策分析的需要，学习曲线被大量用于估计能源技术的学习速率，以便衡量内生技术变动规律。成熟型技术的学习速率低于新兴技术的学习速率，依据学习速率，可以通过平衡规模（breakeven capacity）估算特定产能水平下的投资规模。因此，存在几种重要的技术学习机制，包括"干中学"、"研中学"、"用中学"、"交互中学"和"规模经济"。基于不同的技术学习机制，学者们建立了不同的技术学习曲线模型，根据因变量的多少总结出四类能源技术学习曲线模型，分别是累计产量型的单因素模型，累计产量和知识积累型的双因素模型，累计产量、知识积累和规模效应型的三因素模型，以及累计产量、知识积累、规模效应和投入要素价格变动型的四因素模型。

采用学习曲线模型研究能源技术已应用得较为广泛。其基本逻辑是当期新型能源技术单位产出成本较高于常规能源技术，随着前者技术的发展及生产经验的积累，其单位成本呈下降趋势。页岩气开发属于技术密集型投资，相比已有数十年开发实践的常规油气开发而言，技术体系不成熟使其开发过程中伴随着显著的技术学习效应，尤其是在勘探和产能建设阶段。如何刻画页岩气开发过程中技术学习效应对开发投资成本的影响，对于开发企业开展投资可行性评价而言至关重要。如果投资测算结果过高，偏离实际过大，就会使本该投入勘探开发的油气田得不到勘探开发，本可以通过勘探开发获取的经济效果得不到实现；如果测算结果低于实际过多，则使不该通过经济可行评价的油气田得到勘探开发，给开发企业带来不应该有的损失。要使评价结果更加契合现实，就必须弄清楚影响勘探开发投资和生产作业费用等的各种影响因素，以及各因素之间的影响关系。学习曲线理论的形成与发展正好为开发企业捕捉技术学习与成本之间的复杂关系提供了重要的理论支持。

2. 实物期权理论的发展为页岩气开发项目投资决策提供了理论分析工具

实物期权理论的形成与发展使投资者从风险回避者转变为风险管理者，为不确定条件下不可逆投资决策提供了一种更为科学的评价方法。自 20 世纪 80 年代以来，实物期权的应用逐渐成为学术界的研究热点，涌现大批学者以实物期权理论分析不同领域的投资决策问题，并且提出了许多新观点。早期实物期权的应用主要在自然资源的价值评估方面。实物期权理论应用在自然资源投资决策中主要基于不确定情况下煤矿企业的资产价值，其中自然资源开发项目的不确定性分为市场价格的不确定性和储量的不确定性。同时，对矿产开采投资中不同类型的经营灵活性及与之联系的实物期权，如延缓期权、暂停期权、放弃期权和扩张期权等的研究也较为多见。自从 Kemna（1993）对自然资源投资中的时机选择期权、成长期权和放弃期权进行了研究之后，实物期权理论被运用到众多实物投资领域。

随着实物期权理论研究的不断深入，单个实物期权定价理论的应用研究趋于系统和成熟。但是，仍然存在一些客观实际问题在项目投资评价与决策当中运用单一实物期权理论不能得到有效解决。因此，基于传统实物期权理论的相关研究，学者们开始把研究的目光投向多个实物期权或实物期权组合价值确定的问题上，如复合期权项目的复合实物期权定价公式与评估复合交互期权的数值方法。在实物期权组合特性基础上，实物期权之间的复合关系可定义为因果复合、时间复合和项目间复合。至此，传统实物期权理论实现了从单一期权到复合期权的发展。

随着实物期权理论进一步发展，传统实物期权理论只能处理单个企业在不确定性条件下的投资决策问题这一不足逐渐凸显，从而期权博弈理论孕育而生。根据实物期权方法与博弈分析相结合的理论框架，建立了第一个期权博弈理论模型。实物期权博弈分析方法对不完全竞争环境下科学研究与试验发展（research and development，R&D）投资战略推迟研究具有重要的意义。在考虑经营成本对利润流的影响，建立对称双寡头垄断时机选择的期权博弈模型时，研究结果具有可靠性。同时，引入建设时间变量扩展对称双寡头垄断时机选择期权博弈模型，可以获取企业研发投资策略均衡。最早不对称双寡头垄断期权博弈模型研究主要分析投资成本不对称对企业投资策略的影响，讨论投资成本不对称和先动优势对博弈均衡的影响。

页岩气开发项目"高技术、高投入、高风险"的特点决定了投资人需要更加审慎地选择投资策略。由于以贴现现金流（discounted cash flow，DCF）为代表的传统投资理论没能充分认识到投资的不确定性、不可逆性和时机选择两两之间相互作用在数量与质量上的重要意义，无法满足投资的柔性策略，以及不能准确地评价项目价值而逐渐被众多学者所摒弃。针对传统投资决策理论的弊端，以 Dixit 和 Pindyck 为代表的不确定条件下不可逆性投资的基本分析框架，已被广泛应用于众多的实物投资领域。页岩气开发项目前期勘探评价投资具有明显的不可逆性，未来的需求具有显著的不确定性。因此，开发企业在面临多个项目区块选择和具体项目区块投资决策时，需要借助实物期权理论的不确定性不可逆投资分析框架。例如，从整个开发流程看，页岩气开发项目是一种学习型投资，即消除一系列地质、技术和市场等不确定性的期权，其投资过程表现出具有多个期权的复合期权特征，因此，评价页岩气开发项目投资管理的柔性价值需要复合实物期权理论予以支持。从开发投资实际看，对项目整体价值的分析需要借助实物期权理论。例如，中标企业拥有页岩气开发项目的权利而不是义务，可视为拥有投资的期权，同时，在页岩气开发项目的采气运营阶段，开发企业均拥有暂停期权，即有权在页岩气价格低于边际采气运营成本时暂停采气，直到页岩气价格高于边际采气运营成本时再恢复生产，这些期权是有价值的，且应被视为页岩气开发项目整体价值的一部分。

1.1.3 研究意义

本书以页岩气开发进程中的现实管理问题为导向，以页岩气开发项目为研究载体，在已有文献的基础上开展对页岩气开发项目投资评价及投资策略研究，不但有助于弥补已有文献的不足，同时也有助于促进我国页岩气资源开发进程，使得本书的研究具有重要的理论及现实意义。

1. 理论意义

1）基于技术学习视角提供了页岩气开发项目实际的投资评价方法

涪陵页岩气田实地调研信息和现有文献均表明尚处于初级阶段的我国页岩气开发具有较大的技术学习空间，技术学习效应明显。开展技术学习可以提高钻井速度、提升施工效率及促进工艺技术进步和工程成本下降，对加快非常规油气资源开发进程起到积极的推动作用。开发成本评价作为自然资源开发项目投资价值的组成部分，对评价结果起着决定性的作用。然而，现有自然资源评价模型（NPV 评价模型、期权改进的评价模型），以及现有自然资源价值评价理论研究，似乎并没有考虑页岩气开发项目这一显著特征对投资评价结果的影响。因此，考虑页岩气开发项目开发过程中伴随的显著的技术学习特征对开发成本的影响，并将技术学习效应纳入自然资源开发评价体系，修正现有自然资源开发投资评价模型，将有助于规避现有主流评价模型（NPV 评价模型、期权改进的评价模型）忽略技术学习效应而高估页岩气开发成本，从而不能有效识别页岩气开发项目投资机会的缺陷，提升资源价值评估模型的准确性和解释力。

2）一定程度上丰富和拓展实物期权理论模型及其应用领域

针对页岩气开发项目投资面临投资决策和激励不足等问题，可通过现有研究，依据实物期权理论中的最优停时理论和即时激励理论，构建理论模型并通过模型求解分析得到一定程度上的解决。然而，由于研究对象、研究假设、研究背景及研究侧重点等存在差异，现有研究成果并不能很好地应用到页岩气开发项目投资决策中。例如，以往针对能源开发项目投资决策方面的研究侧重关注不确定性因素的识别与描述，致力于运用投资的灵活性来对冲自然资源价值的不确定性。资源开发项目本身所具有的特征对其价值和投资决策的影响常常被忽略了。而且，对于传统的生产制造业而言，众多学者往往假定企业单位时间内的产量为常量，这是比较符合实际情况的。对于油气开发行业而言，即使规划了特定产能规模，但是由于钻井成功率和产气量递减率的存在，此时依然假定既定产能下单位产量为常量显然是不合适的。虽然油气开发行业规划与实际产能的不一致性和产量递减性特征早已被业界所熟知，也是工业项目可行性研究的必要内容，但是现有关于油气开发项目投资决策方面的研究却很少考虑，探讨油气开发项目产能和产量特征对投资时机的影响更是鲜有涉及。因此，结合页岩气开发项目内在特征进一步深入开展上述问题的研究，将在一定程度上拓展实物期权理论模型在能源开发项目投资决策中的应用。

2. 现实意义

1）有助于提高页岩气开发企业的价值评价能力

在市场经济环境下，以经济效益为中心的油气开发企业，其投资决策是否可行取决于经济评价而非技术评价。目前，我国对石油行业经济评价的研究主要集中在常规油气资源项目的经济评价，对非常规油气资源开发项目的经济评价研究较少，具有可操作性的评价方法更是鲜有涉及。我国对油气资源实施经济评价时，基本上使用两种类型的方法：其一是考虑时间价值的贴现现金流方法，包括NPV法、内部收益率法及费用效益比率方法等；其二是考虑风险的不确定性方法，包括敏感性分析、情景分析、贝叶斯分析、蒙特卡洛模拟、期望价值分析和实物期权方法等。采用上述方法对页岩气开发项目进行经济评价，极有可能由于方法的原理、模型不适合，对影响评价的因素认识不足等原因，评价结果发生误差。本书构建的页岩气评价模型在现有一阶实物期权理论模型的基础上充分考虑了页岩气开发项目的技术学习效应，将其纳入页岩气开发项目价值评价中，并通过复合期权定价模型来评价页岩气开发项目的复合期权价值，能够指导开发企业更完整、合理地评估页岩气开发项目的整体价值。

2）有助于提升页岩气开发企业的投资管理水平

页岩气开发项目比常规油气开发投资更大、风险更高、投资回报期更长，需要开发企业更加审慎地做出科学的投资决策。现实环境的不确定性和时间因素会对投资产生不可忽视的影响。页岩气开发项目投资具有不可逆性和不确定性两个基本的特征，开发企业不仅要考虑未来的利润流，还要考虑未来不确定性信息对投资决策产生的影响。同时，在能源开发项目投资决策的研究中常常忽视项目内在特征对投资决策结果的影响，导致研究结果与现实情况存在一定偏差。本书充分考虑不确定性和页岩气开发项目特征对投资策略选择的影响，并在此基础上将其拓展至不同的开发情境，为开发企业提供了更为科学的投资决策准则，能够提升企业在页岩气开发项目上的投资管理水平。

3）有助于促进页岩气资源产业健康发展

页岩气是清洁、低碳、高效的非常规天然气资源，加快页岩气开发投资对保障我国能源供应、缓解天然气供应压力、调整能源结构、推进减排，以及促进经济增长具有战略意义。然而，2013年6月和2014年1月，国土资源部、国家发改委、国家能源局及贵州省等组织了几次开发进展汇报会，仅有少数企业的勘探工作取得了实质性的进展。有效引导社会资本积极参与，是创造开放竞争环境和提高投资效率的重要途径，也是页岩气开发投资激励实践中需要不断探索的重要内容。因此，本书第6章根据我国目前已发布的页岩气开发投资激励政策，在天然气市场需求不确定性情境下探讨了政府激励执行成本和相机策略选择问题，能为政府在市场化机制下制定或调整页岩气开发投资激励政策提供有益参考，助力我国页岩气资源产业健康发展。

1.2　页岩气项目投资的科学问题

1.2.1　页岩气开发项目及特征

1. 页岩气开发项目

项目一般指一系列独特的、复杂的并相互关联的活动，这些活动有着一个明确的目标或目的，必须在特定的时间、预算、资源限定内依据规范完成。美国项目管理协会为项目所下的定义是：项目是为创造独特的产品、服务或成果而进行的临时性工作。据此页岩气开发项目可被定义为：在一定的技术可开采年限内，投入一定的资金、技术、人员等资源开采页岩气的活动。同时，根据2012 年国土资源部下发的《国土资源部关于加强页岩气资源勘查开采和监督管理有关工作的通知》中提出的页岩气区块探矿权的管制要求，本书研究的页岩气开发项目为：国家组织相关机构开展资源潜力调查评价、有利区优选之后，相关开发企业所获得的处于资源有利区内，无矿权重叠问题，具备勘探开发潜力的页岩气开发项目。此外，页岩气在成藏机理、赋存状态、分布规律、开采方法等方面极大地区别于常规油气（表 1-2）。因此，页岩气开发项目与传统的油气开发项目也存在一定差异。

表 1-2　页岩气开发与常规油气的主要区别

类别	页岩气开发项目	常规油气开发项目
成因类型	有机质热演化、生物成因	有机质热演化、生物、原油裂解成因
主要成分	甲烷为主，少量乙烷、丙烷	甲烷为主，乙烷、丙烷等含量变化较大
成藏特点	自生、自储、自保	生、储、盖组合
分布特点	受页岩分布控制，有广布性	严格符合生、储、盖地质条件
储集方式	吸附气和游离气并存	游离气为主
埋藏深度	一般在 800～4000 米	一般大于 500 米
开采井型	水平井为主	垂直井为主
开采特点	无自然产能	自然压力开采为主
生产周期	30～50 年	几年至十几年不等

从表 1-2 可以看出，页岩气的主要成分和常规天然气基本相同，可认为是天然

气的一种,是一种清洁、高效的能源资源。页岩气开发项目的生产周期长于常规油气开发项目,一般为 30~50 年。页岩气不能用传统技术开发,且其储集层致密,一般无自然工业产量,需采用人工改造、大量钻井、多分支井或水平井等针对性的开采技术提高产能。这决定了页岩气开发项目不仅在开发难度上大于常规油气,而且在开发方式上有着特殊的技术要求,开发成本也远高于常规油气开发项目。

2. 页岩气开发项目特征

(1)技术学习特征。我国页岩气开发尚处于起步阶段,技术体系不成熟。这主要表现在我国现有的页岩气勘探开发分析实验技术尚不完善,成藏机理和富集特点认识尚不明晰,现有的水平井钻完井技术还不能完全满足页岩气勘探开发的要求,水平井分段多级压裂工艺技术及配套工具仍需要引进、研发、试验和评价,压裂裂缝延伸规律、压裂规模优选等方面的技术还有待提高,微地震监测压裂效果的检测设备、施工技术和评价方法还处于引进吸收阶段。勘探开发技术体系尚不成熟是页岩气开发成本高昂的一个重要原因,但这也为开发企业通过开展以技术攻关或技术改进为目的的技术学习来降低开发成本提供了巨大的空间。本书将开发企业能够通过开展技术学习有效降低页岩气开发项目成本且区别于常规油气开发项目(常规油气开发技术趋于成熟,基本无技术学习空间)的现象界定为页岩气开发项目的技术学习特征。本书通过技术学习强度来表征技术学习降低开发成本的程度。

(2)产量递减特征。页岩气藏独特的地质特征与成藏机理决定了页岩气藏自然产能低或无自然产能。欧洲多个页岩气区块的产量表明单口页岩气井产量具有一定的递减速率,而且不同区块的递减速率还有差异性。非常规油气开采具有典型的 L 型生产曲线特征。本书将页岩气开发项目的这种产量特征界定为单井产量递减性,在后续的模型构建中用产气量递减率变量来表示。

(3)规划钻井与实际出气井数量的不一致性。页岩气开采的产能投资规模区别于传统的生产制造性行业,这主要表现在规划产能与实际产出的不一致性上。传统生产制造性行业,企业投资确定规模的产能,就可以以确定产能进行生产(不考虑生产柔性)。而对涪陵页岩气田实地调研发现,由于地层构造、储层结构及地质规律认识水平有限,经常出现页岩气井不具有经济开发价值而被弃用的情况,甚至出现"干井"的可能性。因此,对于页岩气资源开发投资而言,每口规划投资的页岩气井有一定概率不能生产页岩气,本书将其定义为规划产能与实际产出的不一致性,在后续的建模中用钻井成功率变量表示。

(4)资源丰度差异性。尽管中国不同地区在富有机质页岩发育规模、页岩质量等方面具广泛的相似性,但中国地质条件复杂,尤其是构造演化、沉积环境、热演化过程等,使不同地区页岩气形成、富集存在许多差异,在美国巴内特地区有 7000 多口页岩气井，由于地质条件等因素，同一地区不同页岩气区块存在资源丰度差异。在优质的页岩气区块上，平均单井最终采气量（estimated ultimate recovery，EUR）可达到 2.1bcf/well，而在劣质的页岩气区块上，EUR 仅有 0.59bcf/well。这是因为优质页岩气区块资源丰度等级较高，从而具有较大的初始采气率，而劣质页岩气区块资源丰度等级较低，从而具有较小的初始采气率。本书将页岩气开发项目的这一特征界定为资源丰度差异性，并在后续的模型构建中用初始采气率变量表示。

1.2.2 投资评价与投资策略

投资评价的界定：本书的投资价值也称投资价值评价，即投资价值评价主要包括成本和效益分析，通过确定项目的成本并将其与感知的收益进行比较分析，据此判断该项目投资是否有利可图。在评价方法上，油气开发行业普遍采用的是 NPV 方法。该方法用计算矿产资源开发项目投资净收益的贴现现金流，减去初始投资后获得投资项目的 NPV，若 NPV>0，开发项目投资可行；若 NPV≤0，则开发项目投资不可行。随着矿产资源价值评估理论的发展，NPV 方法将矿产资源开发项目当作一个整体来看待，而没有考虑矿产资源开发项目中各个阶段的特点及各个阶段之间的相互关系，假定投资可逆，资源价格固定不变等缺陷逐渐为实物期权评价模型所克服。然而，尚处于初级阶段的新兴的页岩气开发项目除了矿产资源开发项目具有的特点外，相比常规油气开发项目，其开发过程还伴随着显著的技术学习特征。因此，为了更加准确地评价页岩气开发项目投资价值，本书将投资价值评价界定为：评价的主体是页岩气开发企业；评价的对象是页岩气开发项目；评价采用的方法是改进的 NPV 评价模型；评价的操作标准是按照实物期权改进的 NPV 评价模型的评估思想，即通过评价页岩气项目区块内技术可开采页岩气价值，加上多阶段投资的灵活性战略价值，并减去基于技术学习修正的开发成本模型所估算的成本；评价结果是修正的 NPV 值大于零，则页岩气开发项目投资可行，否则投资不可行。

投资策略的界定：经济学界将投资认定为特定经济主体为了在未来可预见的时期内获得收益或是资金增值，在一定时期内向一定领域投放足够数额的资金或实物的货币等价物的经济行为。可分为实物投资、资本投资和证券投资。前者是以货币投入企业，通过生产经营活动取得一定利润，后者是以货币购买企业发行的股票和公司债券，间接参与企业的利润分配。本书的投资则更接近经济学定义的前者，即开发企业以货币投入，通过生产经营活动取得一定利润。本书的策略概念比较接近后者对策略的定义，即页岩气开发企业为追求投资收益而进行投资决策。需要指出的是，本书的策略是会根据形势的发展和变化而动态调整的，并且还涉及策略的相机选择。综上所述，本书的投资策略可界定为：行为主体通过战略的制定和战术的选择，当期投入一定数额的资金进行页岩气开发经营活动，并期望在未来获得最优回报。本书的投资策略包括页岩气开发项目投资时机选择策略、投资时机和投资规模同时选择策略及政府投资激励策略。需要指出的是本书所界定的投资主体不仅包括以利润最大化为目的的开发企业，也包括以社会收益最大化为目的的政府。因为，政府激励政策的实施需要支付相应的激励成本。因此，在本书中政府的激励行为也被视为一种投资行为，政府的激励策略也被视认为一种投资策略。

1.2.3　技术学习与社会收益

技术学习的界定：技术学习是指随着技术越来越被广泛地使用而积累的经验促使技术改进的现象，学者从理论上提出的学习机理理论都反映了技术成本随技术需求或技术供给的增加而下降的规律。然而，他们基本上都忽视或没有强调技术学习过程会消耗一定的资源并产生一定的学习费用这一客观现实。因此，本书将技术学习定义为：页岩气开发企业投入一定的学习成本（先进技术经验学习费用、培训费用及技术攻关费用等），通过开展以技术改进或技术攻关为目的的技术学习活动，降低页岩气开发成本而使企业受益的过程。

社会收益的界定：一般而言，社会收益指单个经济活动主体的经济行为给整个社会带来的收益，包括直接收益和间接收益。实现页岩气产业化开发不仅可以带动基础设施建设，拉动相关行业发展，增加就业和税收，促进地方经济乃至国民经济的可持续发展，还可以提高我国天然气对外谈判的话语权和影响力。同时，开发利用页岩气有利于减少温室气体排放，保护生态环境。2009 年 *Nature* 将页岩气描述为最清洁的一种化石燃料，与煤炭相比，页岩气燃烧排放的二氧化碳减少 50%，氮氧化物减少 75%，而且几乎没有二氧化硫、一氧化碳、黑炭、颗粒物和汞排放。2012 年 3 月，财政部、国土资源部等机构联合发布的《页岩气发展规划（2011-2015 年）》中指出：按页岩气的年产量 65 亿立方米计算，与煤炭相比，如果用于发电，每年可减少二氧化碳排放约 1400 万吨，二氧化硫排放约 11.5 万吨，氮氧化物排放约 4.3 万吨和烟尘排放约 5.8 万吨。因此，对国家而言，开发利用页岩气资源能够带来诸多直接或间接的正外部性公共收益，本书将这些公共收益总量界定为社会收益，其大小由政府评估确定。

1.2.4　研究问题说明

地质条件复杂、开发成本高昂和投资收益不确定等现实情况，使我国第三轮页岩气公开招标搁浅至今，前两轮中标企业"围而不探，探而不采"的现象也逐步凸显，反映出我国页岩气开发进程中存在投资可行性评价、投资时机选择及政策激励等方面的问题。然而，已有研究理论或模型在解决上述问题时仍存在一定局限。为此，本书提出以下四个研究问题。

（1）尚处于初级阶段的我国页岩气开发，区别于技术已经成熟的常规油气开发，具有显著的技术学习效应，传统油气开发项目投资评价方法是否仍然适用？加强技术学习能否破除页岩气开发项目面临的高成本困境，识别更多投资机会？

要回答上述问题，需要刻画技术学习对页岩气开发成本的影响，并将其纳入页岩气开发项目投资评价中进行讨论。在过去的几十年，技术学习曲线的应用显著提高了人们捕捉技术采用、研发活动和技术成本降低之间复杂关系的能力。然而，无论是实证研究还是模型方法，基本上都忽略了技术学习过程会消耗一定的资源并产生一定的学习费用这一客观现实。在知识管理的有关研究中，尽管也有学者提到过知识转移成本的问题，技术学习过程需要一定的投入这一点也得到了广泛认可。但是，已有的文献并没有提出明确的学习成本概念并对其进行深入的研究。人们对学习成本的忽视，可能是因为有关知识管理和技术学习的研究时间不长，需要讨论的问题太多而无暇顾及，也可能是因为人们未能认识到学习成本的重要性及其对学习过程的重要影响。技术学习成本的客观存在使得现有基于技术学习曲线理论建立的成本模型常常会低估现实中的实际成本支出。因此，需要进一步修正现有技术学习曲线模型并将其运用到页岩气开发项目价值评估中，以达到修正现有自然资源开发项目投资评价模型的目的，使其更加准确地评价页岩气开发项目投资价值。

（2）如果页岩气开发项目投资具有经济可行性，基于页岩气价格的不确定性，同时考虑产能建设阶段和采气运营阶段投资管理的灵活性并结合项目产量特征，开发企业如何测算页岩气开发项目投资管理灵活性的期权价值，并在此基础上选择合适的投资时机以获取最大投资收益？

首先，投资者普遍拥有在利润流为负数时暂停生产、在利润流为正数时重启生产的"暂停期权"。暂停期权是指当经营过程中项目的利润流为负数时可以暂时停止项目生产，当利润流为正数时可以以一定成本或无成本重启生产的一种实物期权。从页岩气开发实际来看，在开发企业完成产能建设进入采气运营阶段后，开发企业均拥有暂停期权，即有权在页岩气价格低于边际采气运营成本时暂停采气，直到页岩气价格高于边际采气运营成本时再恢复生产。并且涪陵页岩气田实地调研发现，当产能建设完成后，这种暂停需要支付暂停或重新开始的任何一次性成本可忽略不计。因此，在页岩气开发项目价值测算中，这种灵活性期权价值应该作为项目价值的一部分。然而遗憾的是，目前在油气开发项目投资领域，考虑暂停期权的文献非常少见。其次，以往针对自然资源开发项目投资决策方面的研究更加关注不确定性因素的识别与描述，自然资源开发项目本身所具有的特征对其价值和投资决策的影响常常被忽略。而且由于产气量递减率的存在，此时依然假定既定产能下单位时间内产量为常量显然是不合适的。虽然油气开发行业产量递减性特征早已被业界所熟知，也是工业项目可行性研究的必要内容，但是现有关于油气开发项目投资决策方面的研究却很少考虑，探讨油气开发项目产量特征对投资时机的影响更是鲜有涉及。因此，有待进一步研究页岩气开发项目的投资时机。

（3）基于市场需求的不确定性，并结合影响页岩气开发项目收益的产能和产量特征，开发企业如何根据市场需求状况选择合适的投资时机并同时确定最优的投资规模以实现最大化投资收益？

首先，选择合适的投资时机并同时确定最优的投资规模以实现最大化投资收益是一个有价值的课题。因为对开发企业而言，投资开发页岩气不仅需要考虑何时进行开发投资的问题，还需要考虑投资开钻多少口页岩气井的规模选择问题。如果未来市场需求较大，而页岩气井较少，则开发企业将由于产量制约而不能获得更多收益；如果未来市场需求较小，而页岩气井较多，将会造成开发企业生产能力闲置，或者较大的页岩气产量将会导致页岩气价格的下降，从而降低开发企业收益。其次，将自然资源价格的不确定性描述成为符合几何布朗运动的随机过程假设。如果假设成立则意味着自然资源市场需求也将服从几何布朗运动的随机过程。而且学者对不确定市场需求的描述均假设成为符合几何布朗运动的随机过程。但是，页岩气市场需求描述成为符合几何布朗运动的随机过程是否可行仍需要验证。原因在于本书研究对象、研究问题或研究环境均与上述文献存在差异。最后，除了产量特征外，涪陵页岩气实地调研也发现页岩气产能建设过程中存在规划钻井数量与实际采气井数量的不一致性，即每口页岩气井都有一定概率不能获得工业气流，这也将影响项目投资收益，进而影响项目投资时机和规模选择。然而，在能源开发项目投资决策的文献研究中，考虑油气开发项目的这种产能特征的现有文献更是鲜有。因此，选择合适的投资时机并同时确定最优的投资规模以实现最大化投资收益仍是需要继续探讨的问题。

（4）如果页岩气开发企业的投资时点晚于政府预期，在不考虑激励成本的情况下，政府如何激励开发企业立即投资开发？基于激励成本和页岩气开发利用带来的外部性收益的权衡，政府又如何激励开发企业按照政府预期进行投资？

要回答上述问题，首先需要弄清楚政府激励页岩气开发的内在机理，并据此剖析政府将如何制定或调整页岩气开发投资激励政策，并给出合理的激励水平。运用最优停时理论设计了政府引导私人投资者立即投资的奖惩契约，解决了政府促使私人投资者立即投资的最优激励和惩罚水平。然而，研究存在两个方面的问题。其一，笼统地认为项目运营所产生的正外部性收益一定能够触发政府立即投资，而且似乎并没有考虑政府激励成本的问题。如果政府在项目立即投资运用中的收益不能弥补私人投资者立即投资的激励成本支出，那么立即进行投资激励将不是政府最优的选择。其二，忽略私人投资者不仅拥有投资期权，同时还拥有放弃期权这一事实。如果立即投资时刻进行投资的项目经济可行评价不能通过，此时只有通过正向激励手段而不是负向激励手段（强制执行惩罚）来触发更多投资，否则私人投资者会选择放弃投资。因此，在剖析政府引导开发企业参与页岩气开发的激励契约中，应充分考虑页岩气开发项目产生的正外部性收益。然而，已有研究尚未明确，有待进一步的解答。

这四个研究问题之间的内在逻辑关系见图 1-3。研究问题（1）通过识别页岩气开发项目特征，尤其是区别于常规油气开发的技术学习特征，刻画技术学习效应对页岩气开发成本的影响，并将其纳入页岩气开发项目投资可行性评价中，试图提供页岩气开发项目投资可行性的判断方法。研究问题（2）的开展是为了解决不确定环境下开发企业如何最优选择投资时机的问题。研究问题（3）的开展是为了进一步解决开发企业如何最优同时确定投资时机和投资规模的问题。研究问题（4）的开展是为了解决政府与开发企业在投资时机选择上产生的分歧，实现开发企业按照政府规划进行页岩气开发投资。因此，研究问题（1）关注的页岩气开发

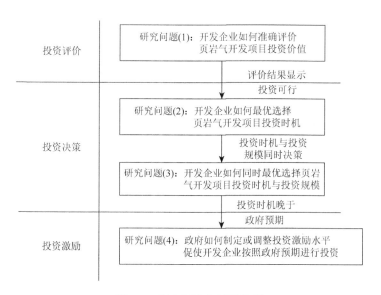

图 1-3 研究问题之间的关联

项目投资可行是本书开展研究问题（2）的前提条件。同时，对问题（1）的研究，尤其是投资评价中对开发投资成本的评价为问题（3）和问题（4）的研究提供了基础。研究问题（3）的开展是对研究问题（2）的进一步深化与拓展，且研究问题（2）的开展是有必要的。原因在于研究问题（2）的开展同时考虑了开发企业产能建设阶段和采气运营阶段投资的灵活性期权价值，能为开发企业提供更加符合实际的理论参考，但模型过于复杂未能提供可直接操作的投资时机解析解表达式，因此也无法推导给出投资时机和投资规模同时决策时反映投资规模的钻井数量。基于此，本书开展了研究问题（3），通过牺牲采气运营阶段投资灵活性价值（因涪陵页岩气田调研信息表明，采气运营阶段的投资额占总投资额的比例较小），能够为开发企业提供易操作的页岩气开发项目投资时机和钻井数量解析。研究问题（3）投资时机测算又为研究问题（4）的开展提供了支持。因为在逻辑上研究问题（4）是基于研究问题（3）的结果展开的。

1.3　页岩气项目投资的理论构成

本书的研究内容包括以下四个部分。

1）页岩气开发项目投资价值评价研究

首先，依据调研信息和已有研究文献，论证页岩气开发项目的技术学习和基于开发流程可进行多阶段投资的复合期权特征，并澄清这些特征对页岩气开发项目投资评价结果的作用机理。其次，结合页岩气开发项目特征，借鉴 Majd 和 Pindyck（1987）学习曲线模型并考虑技术学习成本给出页岩气开发项目投资成本测算方法；借助 Weijermars（2013）单井产量模型评价页岩气开发项目资源价值；采用复合期权定价方法评价页岩气开发项目三阶段投资的管理柔性价值，最终基于实物期权评价模型思想建立页岩气开发项目投资价值评价模型。最后，基于页岩气开发项目投资评价模型，根据实地专家访谈信息和美国页岩气开发相关研究文献，合理设定模型参数，通过数值分析和算例分析方法，揭示页岩气开发项目特征对投资评价结果的影响，以及油气开发行业普遍采用的传统 NPV 评价模型的缺陷，并给出相应的管理启示或建议。

2）页岩气开发项目投资时机选择研究

首先，依据调研信息和已有研究文献，描述并刻画页岩气开发项目的产量及投资的期权特征，并通过构建项目瞬时收益函数揭示出这些特征对页岩气开发项目投资收益的影响。其次，在合理假设的前提下，借鉴陈建华等（2009）的建模思想，并在其所给出的瞬时收益函数中引入能够表示瞬时产量的初始采气率和产气量递减率变量，构建可暂停采气的页岩气开发项目期权价值和投资价值测算模型，模型推导给出可暂停采气的页岩气开发项目投资临界值方程。最后，根据实地专家访谈信息和美国页岩气开发相关研究文献，合理设定模型参数，通过数值分析揭示出不确定性价格和产量特征对页岩气开发项目价值和投资时机选择的影响，并给出相应的管理启示或建议。

3）页岩气开发项目投资时机与钻井数量选择研究

首先，验证页岩气市场需求服从几何布朗运动过程假设的可行性。基于我国页岩气价格市场化的现实支撑，论证我国页岩气未来市场需求的不确定性，依据相关研究文献支撑提出我国天然气需求符合几何布朗运动的随机过程假设，并收集我国天然气消费数据（1965～2013 年），通过蒙特卡洛模拟验证假设是否可行。其次，借鉴 Dixit 和 Pindyck（1994）标准实物期权模型。考虑页岩气开发过程中规划产能与实际产出的不一致性、产量递减性和资源丰度差异性，引入钻井成功率、产气量递减率和初始采气率变量，构建市场需求不确定情境下页岩气开发项目的投资时机与钻井数量决策模型，并通过模型推导给出页岩气开发项目投资时机与钻井数量分别和同时决策的解析解。最后，根据中石化涪陵页岩气田实地专家访谈信息和美国页岩气开发相关研究文献，合理设定模型参数，通过数值分析探究市场需求不确定性和页岩气开发项目特征对投资时机和投资规模同时选择的影响，并依据模型求解和数值分析结果给出相应的管理启示或建议。

4）页岩气开发项目投资激励策略研究

首先，基于政府和中标企业的价值评判和利益取向，运用实物期权中的最优停时理论，澄清政府激励页岩气开发企业投资的内在机理。其次，结合我国页岩气开发投资激励政策，将投资激励划分为税收减免和产量补贴两种方式，在合理假设的前提下，借助于 Armada 等（2012）基于实物期权理论建立的即时投资激励分析框架，构建页岩气开发项目即时投资激励模型，并通过模型求解给出两种激励方式下政府的最优激励水平。然后，考虑页岩气开发利用带来的社会公共收益对激励策略的影响，借鉴 Ribeiro 等（2014）的研究，在页岩气开发即时投资激励模型上，引入社会收益变量来衡量页岩气开发带来的外部性收益。构建页岩气开发项目可延迟投资激励模型，并通过模型求解给出政府即时与延迟激励策略选择的边界条件及政府的最优激励水平。最后，基于合理的参数设定，通过数值分析揭示当前市场需求状况及未来市场需求波动、页岩气开发带来的社会收益和不利的突发事件等因素对政府激励成本、激励策略选择及激励水平设定的作用机制，并依据模型求解和分析结果，给出相应的管理启示或建议。

具体研究内容分为七个章节。

第 1 章，绪论。阐明研究问题的现实背景、理论背景及研究意义，界定相关概念，提出研究的关键问题、研究内容、研究方法及框架安排。

第 2 章，理论基础与页岩气项目投资概况。对贯穿本书的实物期权理论及投资评价和投资策略选择相关问题研究的文献进行梳理，为本书研究提供理论基础和方法借鉴。

第3章，页岩气开发项目投资价值评价研究。根据页岩气开发项目特征，尤其是其区别于常规油气开发的技术学习特征，构建投资价值评价模型，澄清技术学习对投资评价结果的影响，揭示油气开发行业普遍采用传统 NPV 评估模型的缺陷。

第4章，页岩气开发项目投资时机选择研究。依据页岩气开发项目采气运营阶段利润流为负情况下开发企业可暂停采气的实际，将影响页岩气投资收益的产量特征变量引入瞬时收益函数，构建可暂停采气的页岩气开发项目投资时机决策模型，给出开发企业最佳投资时机选择策略，揭示出不确定性价格和产量特征对页岩气开发项目价值和投资时机选择的影响。

第5章，页岩气开发项目投资时机与钻井数量选择研究。结合页岩气开发项目特征，刻画并验证市场需求过程，构建页岩气开发项目投资时机与钻井数量两个方面的分别决策模型，以及同时考察投资时机与钻井数量的决策模型，给出最佳投资时机与最优钻井数量，澄清市场需求不确定性和页岩气开发项目特征对投资决策的影响机理。

第6章，页岩气开发项目投资激励策略研究。厘清政府激励开发企业投资页岩气的内在机理，结合我国目前发布的页岩气激励政策，构建我国页岩气开发投资激励模型，给出政府即时与延迟激励策略选择的边界条件及税收减免和产量补贴水平。

第7章，结语。总结本书的主要工作、研究结论、主要创新工作、研究结果的现实意义，并指出进一步研究的方向。

第2章　理论基础与页岩气项目投资概况

面对页岩气开发项目巨额投入、高风险、长回报周期的现实情况，开发企业需要更加审慎地进行投资决策以获取投资收益，政府也应慎重地进行投资激励以实现激励目标。为了明晰投资决策前沿理论——实物期权理论的发展现状、澄清能源开发项目投资决策中应用期权理论的思路与方法，以及明确相关问题研究仍存在的不足与争议，本章从实物期权理论回顾着手，对国内外相关文献进行梳理和总结，并讨论已有研究成果的应用局限及启示，为后续研究提供理论基础和研究起点。

2.1　理　论　基　础

能源开发项目投资决策通常具有三个基本特征：一是投资的部分或完全不可逆性；二是市场存在诸多不确定性因素，如价格、技术、成本及政策等；三是一定程度上择机投资的特点，这些特征使得投资机会具有了期权性质。实物期权理论的提出及发展为能源开发项目投资决策提供了契合其基本特征的理论分析工具，而且其应用于资本预算及价值评估时具有传统贴现现金流方法不可比拟的优点。尤其是布莱克-肖尔斯（Black-Scholes，B-S）定价模型提出以后，实物期权理论在价值评价和投资决策中得到了广泛的应用。本节首先对贯穿本书的实物期权理论及其在能源领域投资决策中应用的文献进行梳理和总结，为本书研究的开展提供相应的理论支持。

2.1.1　实物期权理论

在项目投资决策过程中，虽然传统投资决策方法能够为其提供量化依据，但是传统方法忽略了诸如投资项目信息不对称、未来收益不确定性等关键的现实影响因素，因而在实际应用中很难从本质上解决项目投资决策中所遇到的问题。实物期权理论的形成与发展为解决投资决策问题提供了一种崭新的思想方法。学者将金融期权定价理论引入到实物投资领域，提出了实物期权概念，并指出实物期权理论是研究不确定条件下企业不可逆性投资决策的有效方法。自20世纪80年代以来，在对传统的资本预算和项目价值评价方法的反思和批判中，实物期权理论逐步发展起来。其发展大致经历了从标的资产服从几何布朗运动的单个实物期权、标的资产服从复杂运动的实物期权、执行方式多样的实物期权、复合实物期权，以及逐步过渡到多方参与的期权博弈这一轨迹。本节主要从实物期权的概念、类型、定价方法及模型拓展四个方面对实物期权理论进行简要回顾。

1. 实物期权的概念

实物期权是指以实物资产为标的资产的一种期权，即拥有投资机会的企业具有一种在未来某个时间段内购买一种资产的权利。投资者在不确定环境下对其拥有的实物资产制定投资策略时，具有管理的灵活性。一般而言，实物期权方法需要假设投资项目包括三个特征。其一，这项投资具有部分或全部的不可逆性，也就是说部分或全部的初始投资成本是沉没成本，若投资失败不能回收全部初始成本；其二，投资过程中具有不确定性，这种不确定性可能来自外生的经济环境，也可能来自内生的技术水平，从而导致投资回报也具有不确定性；其三，投资时机选择具有任意性，也就是投资者可以在到期日之前的任何时间进行投资。这三个特征之间的相互作用决定了投资者的最优投资策略，同时也构成了实物期权理论的核心思想。与传统 NPV 方法相比，实物期权能够更好地处理不确定性。实物期权不是通过假设将不确定性转化为确定性，而是通过投资的三个特征中的两两之间的相互作用逐渐消除不确定性。

实物期权来源于金融期权，两者无论是在概念还是定价方法等方面都有很大的相似性。然而，实物期权处理的实物资产，相对于处理金融资产的金融期权而言需要考虑的问题更多，并且投资过程中还可能出现竞争者之间的交互作用。所以，实物期权会比金融期权更复杂。实物期权与金融期权具有差异性，如表 2-1 所示。

表 2-1 实物期权与金融期权差异性

比较类别	实物期权	金融期权
标的资产	投资项目或实物资产	股票、债券等金融资产
执行时间	投资机会存续期内的任意时刻	合约规定
执行价格	项目投资的总成本	合约规定
折现率	无风险利率	无风险利率
市场交易	无市场交易	有市场交易
独占性	少数享有独占性	独占性强
竞争性与战略性	有	无
市场特征	不完全市场	完全市场
不确定的来源	多重不确定性	有限的不确定性
波动率	投资项目的不确定性	标的资产价格的波动率
标的资产价值漏损	没有立即投资而放弃的价值	被放弃的股票红利

从表 2-1 可以看出，实物期权在标的资产、执行时间、执行价格等方面与金融期权存在差异，是一种实物资产选择权，由于其执行时间是在项目投资机会存续期内的任意时刻，所以实物期权一般被视为一种美式期权。由于期权是一种执行投资的权利而非义务，所以无论是金融期权还是实物期权，它们的收益和损失都具有非对称性。如果不执行期权，损失的只是初始成本或保证金，其损失是有限的；而若执行期权，则收益必定会超过初始投资成本，并且实物期权中投资机会的灵活性选择可以增加收益向上变动的部分。

2. 实物期权的主要类型

随着实物期权理论的发展及在不同领域中的应用，出现了多种类型的实物期权评价模型。这些模型分别反映了投资项目的各个阶段所具有的管理柔性，并在 NPV 的基础上，将企业拥有的管理柔性以期权价值的形式予以反映。从目前已有研究看，常用的实物期权主要有以下几种类型，如表 2-2 所示。

表 2-2　实物期权类型及相关文献

实物期权类型	主要思想及特征描述	主要代表学者及其文献
延迟期权（option-to-defer，OD）	延迟期权是指不必立即实行某项目，通过等待，企业能够获取关于市场、价格和其他方面的新信息。延迟期权的重要特征是投资机会在一定期限内是存在的，实际上是一个买权，其执行价格为投资成本	McDonald 和 Siegel（1987）；Fernandes 等（2013）；Gordon 等（2015）；等等
暂停期权（mothballing options，MO）	暂停期权是指因投资项目影响因素的变化，决策者付出一定的费用所获得的暂时停止投资或生产，等待状况好转后继续投资或生产的权利。事实上，暂停期权是卖权和买权的组合，暂时停止投资或生产是一个卖权，项目重新开始投资或生产是一个买权	Myers 和 Majd（2001）；Takashima 等（2008）；Arango 等（2013）；Mei 和 Clutter（2015）；等等
放弃期权（option-to-abandon，OA）	放弃期权是指决策者在项目投资过程中发现某些因素（政策、市场等）的变化对项目产生重大的负面作用，投资无法继续，而拥有的放弃下一阶段投资的权利。放弃期权是一个卖权，由于没有时间限制，所以是一个美式卖权。放弃期权的标的资产是现阶段的投资项目，执行价格是处置资产的价值	Huang 和 Chou（2006）；Compernolle 等（2014）；Fleten 等（2017）；等等
扩张期权（expansion option，EO）	扩张期权是指当决策者在项目投资过程中发现市场等因素的变化对项目产生重大利好时，可以追加投资获取更多利润的权利。扩张期权是一个买权，而且没有时间限制，是一个美式买权	Sing（2002）；Armitstead（2004）；Krüger（2012）；Inthavongsa 等（2016）；等等
复合期权（compound option，CO）	复合期权是指在多阶段的投资过程中，在每一阶段结束时，投资者可根据投资项目的影响因素变化做出下一阶段的投资选择。在多阶段的投资过程中，每一个阶段都可以被看作后各阶段价值的期权，因此复合期权也可称为多阶段投资期权。复合期权多存在于周期长、多阶段的投资项目之中	Milne 和 Whalley（2000）；Huang 和 Pi（2009）；Li 等（2015）；Biancardi 和 Villani（2017）；Loncar 等（2017）；等等

3. 实物期权常用的定价方法

实物期权定价充分借鉴了期权定价的原理，其基本思想是通过将实物资产在金融市场中的演变情况与企业最优决策规则相结合，实现对企业拥有的各种可能的回报方式进行模拟，最终计算出投资的价值。B-S 定价模型的问世，大大刺激了学者对期权的定价机制、方法进行研究，产生了多种期权定价方法，常用的实物期权定价方法如表 2-3 所示。

表 2-3　期权定价方法及相关文献

定价方法	基本原理及评价	主要代表学者及文献
B-S 定价模型	原理：基于完全市场和股票价格对数正态分布的假设，通过建立一个包含期权和股票的无风险头寸，运用动态证券组合策略，得到一个基于股票-期权价格的偏微分方程，结合上下界条件，推导出欧式看涨和看跌期权的显式解 评价：B-S 定价模型为金融和实物投资领域的期权定价研究奠定了重要基础，是期权领域的经典理论	Black 和 Scholes（1973）；Peng 和 Yao（2011）；张高勋等（2013）；等等
乘数二叉树方法	原理：假设标的股价 v 在各个时间段内，只有上升或下跌两种状态，上升到 μv 的概率为 q，下跌到 dv 的概率为 $1-q$，μ 和 d 分别表示期望报酬率，且 $\mu=1d$。根据竞争市场中不存在无风险套利理论，投资者能利用现货市场及资金借贷市场建立与期权报酬变动完全对冲的资产组合，从而可求得当期期权价值 评价：乘数二叉树方法是针对离散时间型期权，借用二叉树理论为期权定价提供了一个既直观又简单的方法	Cox 等（1979）；Brandão 等（2005）；de Reyck 等（2008）；Lee 和 Shih（2010）；等等
动态规划方法	原理：将决策过程分为当前决策和后续决策，评价函数从当前决策的条件出发评价所有后续决策的结果。如果规划的期限是有限的，在期末最后一个决策由于没有后续决策，可采用标准的静态优化方法处理，得到倒数第二个决策的评价函数，以此类推可求解当前决策 评价：目前，动态规划方法已成为经济学和运筹学中的标准工具之一	Bellman（1956）；Kumbaroğlu 等（2008）；Reuter 等（2012）；Wesseh 和 Lin（2016）；等等
有限差分方法	原理：在微分方程中用差商代替偏导数，得到相应的差分方程，通过解差分方程得到微分方程解的近似值。使用有限差分求解期权价值的核心思想是通过数值方法对满足微分方程的衍生资产价值逐步逼近，将期权定价过程转化为差分方程之后，通过迭代的方法求解差分方程 评价：有限差分方法弥补了一些复杂情况下 B-S 定价模型和动态规划方法无法获得显式解的缺陷，既可以用来求解欧式期权的价格又可以用来求解美式期权的价格	Giannopoulos（2005）；Duffie（2010）；Huang 和 Oberman（2014）；等等
蒙特卡洛（Monte Carlo）模拟方法	原理：估计标的资产的分布函数或波动规律，将连续时间上的期权划分为若干个小的时间间隔，使用计算机模型每个时间间隔上资产价值的可能值，只要模拟的次数足够多，就可以在一定的精度范围内对期权价值进行估计 评价：蒙特卡洛模拟方法具有灵活、易实现、收敛速度快等优点，几能够处理任何复杂情况下的期权定价问题，且较少依赖于各种假设条件和标准的概率分布	Longstaff 和 Schwartz（2001）；Cheah 和 Liu（2006）；Detert 和 Kotani（2013）；等等

上述期权定价方法被提出后，其内涵和外延不断被拓展，而且，随着实物期权理论应用的不断拓展，新的期权定价方法不断被应用到实物投资领域。

4. 实物期权的模型拓展

纵观实物期权理论的发展，学者们将研究的重点由期权模型的应用转为期权模型的完善，并针对不同领域的投资特点，对基本模型从多方面进行优化和扩展，使期权模型更具有适用性和实用性。根据这些研究角度和出发点的不同，本书将实物期权发展与拓展总结为如下几个方面，如表 2-4 所示。

表 2-4　实物期权理论的扩展与优化

拓展方向	拓展原因	拓展结果及相关文献
价值影响因素	传统实物期权模型认为项目的内在价值是影响投资的唯一不确定变量，并且假设产品价格的波动是影响项目价值的唯一不确定因素。易知，这样的假设在处理项目投资时具有明显的局限性	技术参数（Armstrong et al., 2004）；运营成本（Lima and Suslick, 2006）；税率因素（Emhjellen and Alaouze, 2003; Zhu et al., 2015）被纳入实物期权分析框架
不确定描述	传统实物期权评价模型延续了金融期权定价理论关于变量波动形式的假设，将项目价值定义为服从几何布朗运动的随机过程。然而，越来越多的研究表明几何布朗运动并不能准确描述项目价值的实际运行形势	在几何布朗运动过程中加入"跳跃"过程（Kou and Wang, 2004; Yan and Hanson, 2006）、以均值回复运动代替几何布朗运动（Schwartz and Smith, 2000; Hahn and Dyer, 2008）；均值回复运动过程加入"跳跃"过程（Detert and Kotani, 2013）
多期权模型	由于实物期权所具有价值的不可加性，当项目持有者所具有的经营灵活性由一些简单实物期权或一个实物期权的组合的形式出现时，复合实物期权定价问题便自然而然地产生了	从单一期权评价扩展至多期权评价，由一次性决策向时序决策转变（Trigeorgis, 1993; Gamba and Fusari, 2009；等等）
期权博弈模型	由于实物期权的非独占性、项目本身的不确定性、市场的不确定性等因素的影响，考虑竞争对手投资决策影响下利用博弈论的思想、建模方法对包含实物期权的项目投资进行评价的期权博弈在近年来逐渐成为热点问题	从单一决策主体扩展至多决策主体，能够为多主体决策提供价值分析的依据（Huisman and Kort, 1999; Mason and Weeds, 2003; Miltersen and Schwartz, 2007; Thijssen et al., 2012; 吕秀梅和邵腾伟, 2015；等等）

近年来，实物期权和博弈论、产业组织理论、委托代理理论等结合起来，为实物期权理论进一步发展指明了方向。

2.1.2　实物期权理论在能源项目投资决策中的应用

实物期权方法非常适合处理能源领域投资的不确定性问题。针对传统实物期权模型认为项目的内在价值是影响投资的唯一不确定变量，并且假设产品价格的波动是影响项目价值的唯一不确定因素的局限，众多学者对传统实物期权理论进行拓展，并将其运用到能源开发项目中。例如，利用加拿大多个铜矿数据，分析了矿产品价格、开采成本和储量的变动的不确定性情况，运用实物期权方法建立了采矿投资评价模型。又如，在矿产品价格、长期价格期望和便利收益均随机变动条件下，建立了矿产资源投资的实物期权决策模型；运用实物期权理论和偏微分方程分析竞争性替代可再生能源技术选择问题，考虑了市场电价格和运营成本的不确定性。石油价格和开采成本均随机变化情况下的石油投资决策模型分析表明较高的开采成本波动率增加了项目的价值。而衡量实际监管方案对可再生能源项目投资的影响，可考虑生产成本、投资成本和消费者价格指数的不确定性。为了量化太阳能发电项目的优势，可考虑化石燃料价格和技术变革的不确定性。在评估风能项目的可行性和说明可再生能源技术研发对项目价值的作用时，可分别考虑投入成本和技术学习的不确定因素，例如，通过考虑二氧化碳价格、不可再生能源成本及市场价格等不确定因素，提出了可再生能源投资评估的实物期权模型。为更好地解决海外石油投资复杂性问题，帮助投资者做出海外石油投资决策，采用实物期权理论和蒙特卡洛模拟研究了海外石油投资评估，该评价模型不仅融入了油价和投资成本的不确定性，还包括汇率和投资环境的不确定性。

在期权定价方法、不确定性的描述等方面，实物期权理论的发展成果也被众多学者运用到能源开发项目投资决策中。例如，在期权定价方法选择上，动态规划和蒙特卡洛定价方法结合对研究以水力发电为代表的再生电力项目所蕴含的实物期权价值具有重要意义。在不确定描述方面，将内蒙古煤价格不确定性描述为GBM 或几何平均回复（geometric mean recovery，GMR）过程，分析可再生能源的投资环境变化，并对不同情境下的煤价过程结果进行了比较，表明 GBM 情境下的投资触发价格高于 GMR 情境。针对一次性投资决策理论与方法在石油勘探项目分阶段投资决策中应用的局限性，运用实物期权中的序列投资决策理论与方法，假设勘探储量转让价格服从跳跃扩散过程，构建了石油勘探项目分阶段投资的最优时机选择模型。从风电项目分期投资开发中复合实物期权特性分析着手，结合具体的风电项目实例，运用复合实物期权二叉树定价模型计算其投资价值。相应的研究见章恒全和蒋艳红（2013）的研究。

2.2　页岩气开发项目投资评价问题相关研究

2.2.1　投资评价的影响因素

梳理页岩气开发项目投资评价的相关文献发现，现有研究更加关注资源禀赋、开发成本、产量、价格等因素对评价结果的影响。准确地评价页岩气资源潜力是决定是否进行投资的关键，而合理的页岩气资源的评价方法和关键参数的设定，对于准确评估页岩气资源潜力具有重要作用。单口页岩气井的主要成本组成、产能递减规律及投产后的外输增效模式，为页岩气单井成本效益评估提供了重要参考。以可行性评价为切入点，从资源与赋存条件、综合开发利用条件、环境安全性及市场前景四方面评价中国近期进行页岩气大规模开发利用的适宜性问题，表明市场需求、成本与价格、核心技术条件、含气量、水资源污染、水资源供应及政策支持等指标是影响页岩气开发的关键因素。页岩气区块内的资源量、最终可采收量（estimated ultimate recovery，EUR）及资源丰度差异对区块能否进行经济开发至关重要。通过盈亏平衡分析测算中国页岩气资源经济深度，并指出目标深度是页岩气具有商业可行性前景的关键指标。土地收购成本、勘探成本、开发成本、运营成本、产量、价格及税收等因素被纳入投资评价中，用于探索中国页岩气开发的经济可行性，并指出政策因素也对页岩气开发投资具有重要影响。

环境成本也是决定页岩气开发投资可行与否的重要影响因素。在环境因素探讨中，对非常规油气开采过程中压裂的环境成本和收益分析表明开采的环境成本对非常规油气开发是个挑战。环境成本是页岩气开发成本的重要组成部分。对马塞勒斯地区从开发页岩气到使用页岩气发电过程中全生命周期碳排放及淡水污染情况的研究表明了马塞勒斯地区页岩气生命周期温室气体排放量和淡水污染程度值。马塞勒斯地区页岩气井从施工建设到开采结束整个生命周期用水量及产生的废水量，测算出对返排液及废水处理至达标需要 5.9 万～27 万美元。

此外，技术及技术进步与学习对页岩气开发项目投资评价的影响也已被学者所洞察。在技术因素方面的探讨中，改善页岩气生产技术，提高成本效益使得美国页岩气资源变得有利可图，同时也指出石油和天然气价格的不确定性风险会对页岩气价格和产量产生影响。现金流量模型对于设定有效的生产和技术创新目标来实现页岩气投资的正面回报是至关重要的，外部的天然气价格及区域波动、技术成本、产量等因素对现金流模型具有重要影响，并指出快速技术创新可以帮助企业提高页岩气田的经济效益。

2.2.2　投资评价理论方法及应用

1. 投资评价主要理论方法

许多学者已经将多种方法应用到能源开发项目中用以评价其投资的可行性。按是否考虑资金的时间价值，可分为静态评价法和动态评价法。静态评价法即在整个开发周期内，不考虑资金的时间价值，常用的评价模型为投资利润率、投资利税率、静态投资回收期。动态评价法又称贴现现金流方法，是按一定的贴现率，将资源开发后各年获得的收益和费用折算到评价起点的现值，以此为基础来评价资源开发的经济价值和经济效益。静态评价法由于不考虑资金的时间价值，存在明显的先天性缺陷而逐渐被学者所摈弃。常见的动态评价法主要包括内部收益率评价方法、动态投资回收期评价方法及 NPV 评价方法。

1）内部收益率评价方法

内部收益率（internal rate of return，IRR）评价方法是资金流入现值总额与资金流出现值总额相等，即 NPV 等于零时的折现率，其标准评价模型如下：

$$0 = \left[\sum_{t=1}^{n} NR_t / (1 + IRR)^t \right] - \left[\sum_{t=1}^{n} I_t / (1 + IRR)^t \right] \tag{2-1}$$

其中，NR_t 表示第 t 年的投资收益；n 表示投资项目寿命周期；I_t 表示第 t 年的投资成本。采用 IRR 评价方法决定执行项目的标准是 IRR 大于设定基准收益率。IRR 评价方法的优点是能够把项目寿命期内的收益与其投资总额联系起来，指出项目的收益率，将它同行业基准投资收益率对比，确定这个项目是否值得投资建设。

2）动态投资回收期评价方法

动态投资回收期评价方法是把投资项目各年的净现金流量按基准收益率折成现值之后，再推算收回投资成本所需的时间，其标准评价模型如下：

$$P = \left[\sum_{t=0}^{n-1} I_t / (1+i)^t \right] \Big/ \left[\sum_{t=1}^{n} NR_t / (1+i)^t \Big/ n \right] \tag{2-2}$$

其中，P 表示基准投资回收期；I_t 表示第 t 年的投资成本；i 表示贴现率；NR_t 表示第 t 年的投资收益；n 表示投资项目寿命周期。采用动态投资回收期评价方法决定执行项目的标准是 $P < n$，即项目或方案能在要求的时间内收回投资，是可行的，否则项目或方案不可行，应予拒绝。动态投资回收期的计算考虑了资金的时间价值，计算结果要比静态投资回收期长。

3）净现值评价方法

NPV 评价方法是在项目计算期内，按行业基准折现率或其他设定的折现率计算的各年净现金流量现值的代数和，通过将项目产生的所有现金流量现值与实施项目所需投资成本的差值与 0 进行比较，来判断项目可行性的一种方法。NPV 评价方法采用的标准评价模型如下：

$$NPV = \sum_{t=1}^{n} NR_t / (1+i)^t - \sum_{t=1}^{n} I_t / (1+i)^t \tag{2-3}$$

其中，NPV 表示投资项目的 NPV；NR_t 表示第 t 年的投资收益；i 表示贴现率；n 表示投资项目寿命周期；I_t 表示第 t 年的投资成本。采用 NPV 评价方法决定执行项目的标准是 NPV > 0，即投资的实际报酬率高于资本成本或最低的投资报酬率，项目或方案可行。NPV 评价方法的优点是考虑了投资方案的最低报酬水平和资金时间价值的分析。

4）基于实物期权扩展的 NPV 评价方法

基于可预测未来现金流和确定贴现率的 NPV 评价方法，能够较好地评价具有稳定现金流项目的价值，但对于发掘投资者把握不确定环境下的各种投资机会而为投资者带来新增价值却无能为力。因此，在评价具有经营灵活性或战略成长性的项目投资决策时常低估项目价值，导致投资短视和投资不足。这种背景下，经济学家开始寻找能够更准确地评估投资项目真实价值的理论和方法。实物期权理论能够克服这些缺陷与不足，成为改进和完善传统 NPV 评价方法的理论选择。基于实物期权扩展的 NPV 评价方法是重新设计 NPV 评价要素，考虑影响投资的不确定性及灵活性价值。基于实物期权定价理论扩展的 NPV 评价方法采用的标准评价模型如下：

$$NPV_{expanded} = NPV_{traditional\ or\ static} + Value_{management\ flexibility} \qquad （2\text{-}4）$$

基于实物期权扩展的 NPV 评价方法是在传统的 NPV 评价方法基础上，增加了对管理的灵活性价值的评价。与上述的投资评价分析方法相比，基于实物期权扩展的 NPV 评价方法不是集中于预测单一的现金流，而是考虑了未来情况的不确定性及延期投资的价值，这种评价方法赋予了投资者可根据当时的条件来决定是否进行投资的权利而非义务，能更准确地反映投资管理的灵活性价值。

2. 评价方法的选择及应用

以 NPV 为代表的 DCF 评价方法具有易于操作量化、执行简单、计算准确、符合经济理论的思维惯性，以及考虑了货币的时间价值等优点，在学术界和实业界应用颇为广泛。以每个区块钻井 100 口，每 10 年钻 10 口井的速度，每口井可以开采 25 年的开发规划，采用折现值现金流量模型对欧洲大陆五大页岩气区块的经济可行性进行评价。运用 NPV 法和折现盈利指数（discount profitability index，DPI）法评价了我国页岩气开发投资的可行性。根据页岩气开发特点，在考虑投资、页岩气产量、销售价格及操作成本的基础上，采用蒙特卡洛模拟方法对页岩气开发方案经济评价进行了风险分析，测算出了一个合理的内部收益率数值。

长期以来投资者评价项目或企业价值最直接、最常用、最经典的方法，仍然是以 NPV 为代表的现金流量贴现法。但是，在评价具有经营灵活性或战略成长性的项目价值时，却无法灵活地把握各种潜在的投资机会，不能为投资者识别投资管理的灵活性价值。特别是在世界经济、科技飞速发展的今天，资本投资的风险和不确定性极大增加，传统的投资分析工具已经不能满足人们的需要。针对传统评价方法存在先天性缺陷，许多学者致力于寻找可替代、更合理的方法来评价不确定环境下能源开发项目投资的真实价值。例如,从采矿工程项目可行性研究角度出发,建立了基于实物期权理论的矿山价值评估模型。终止期权和停启期权是油气勘探开发项目中存在的两种典型期权,以此运用实物期权方法建立了石油勘探项目价值评价模型。类似的研究如 Abadie(2009)、冯立杰等(2011)。非常规油气资源开发的投资价值包括两部分:其一是不考虑实物期权的存在,可以用NPV 法求得投资项目固有的内在价值;其二是由项目的期权特性产生的期权价值。以现金收益、开发投资和运营成本的不确定性对投资价值的影响为切入点,在现有实物期权投资评价模型的基础上,同时考虑项目方在投资阶段推迟投资和在生产阶段暂停运营的管理柔性,建立基于多随机变量的自然资源开发项目实物期权投资评价模型。

此外,还有一些其他评价方法也被学者应用在能源开发项目投资评价中。在综合考虑地质条件、经济效益、环境影响等多方面影响因素的前提下,通过专家评议和层次分析相结合的方法确定评价指标的权重,利用模糊优化法对这些有利区进行综合评价。采用 CRITIC(criteria importance though intercrieria correlation)法客观权重赋权方法量化分析了投资规模和燃气市场条件等指标对目标区块选择结果的影响,同时结合 6 个主要的地质资源禀赋条件指标进行了综合分析评价,构建涵盖资源禀赋条件、投资规模和燃气市场条件等 12 个主要指标的综合量化页岩气区块优选决策模型。实证研究四川盆地蜀南地区页岩气开发,初步探索页岩气开发水平井测试产量、初始产量、第 1 年平均日产量及 EUR 之间的关系,提出以平台为单位开展页岩气开发项目经济评价的方法。通过对页岩气开发过程中项目投资与收益的分析,筛选出合理的经济评价指标,并将模糊数学集理论应用到层次分析法中,然后确定评价指标所占的比重,再结合模糊数学方法对各个技术方案进行综合评价,从而建立一套页岩气开发经济评价模型。运用基于 Smit 和Trigeorgis 的期权博弈战略投资分析框架,建立了煤制油项目战略投资价值评估模型,并将其作为传统投资决策方法的一个补充。针对页岩气特殊的开发方式及环评难度比常规气大的特点,运用"压力-状态-响应"框架模型,建立了页岩气开发对生态环境影响的评价指标体系。以耒阳市美奥特科技发展有限公司生物质成型燃料生产项目为例,利用模糊实物期权模型对该项目的价值进行评估。

2.3　页岩气开发项目投资策略问题相关研究

2.3.1　投资时机选择问题研究

实物期权引入项目投资决策中表明相机选择权利与期权的类似性,并将投资时机选择问题转化为期权的最优执行决策问题。在此基础上,学者们从产品价格、投资成本、投资方式、投资时限和收益的不确定性等方面做出了进一步探讨。考察经典实物期权模型中不确定性对投资时机的影响表明触发行使投资期权的项目关键价值与引起该项目价值的不确定性因素呈现 U 形格局，从成本不确定性角度探讨了项目最优投资时机决策问题，从投资时限的角度来探究这一问题。考虑宏观市场环境不确定性及新产品不确定性，运用均值-方差方法构建风险规避垄断企业新产品投资模型，给出了投资时机。

2.3.2　投资时机与投资规模选择问题研究

潜在项目投资者至少要考虑两个方面的问题，即选择何时投资及选择什么样的生产规模。由于大多数投资都具有不确定性和不可逆转性，当投资者有机会推迟投资时，实物期权分析方法能比传统 NPV 分析做出更好的投资决策。如果投资者在项目投资的设计中要附加额外的选择，如产能规模，他们的最优投资时机选择模型必须被拓展。考虑企业的生产柔性，假定企业投资完成后可以根据市场需求调整实际的产出数量，构建不确定条件下最优的投资规模模型，该模型奠定了不确定的需求条件下投资时机和生产能力选择的理论与方法。此后，投资时机和投资规模问题的研究进一步深入。Bar-Ilan 等（2002）进一步比较了一次性投资、增量投资及可逆性投资对最优投资时机和投资规模的影响。在给定已经进入市场企业的投资规模条件下，将 Dangl（1999）的模型扩展到了其中一家公司是现任公司，另一家公司是进入者的双寡头垄断情境。在未来需求不确定的情况下，以最大化投资机会的价值为出发点，用随机过程和实物期权的方法求出最优投资时机和最优投资规模的函数表达式，并用数值解分析了其变化特征，但并未给出最优投资时机和投资规模的解析解。基于电力市场中电价格不确定的条件，建立水电站开发投资和容量选择的连续模型。在需求不确定性条件下，研究一个企业具有产能灵活和不灵活两种情况下的最佳投资时机和最佳产能投资决策，灵活的企业投资的能力高于不灵活的公司，其中容量差异随着不确定性而增加。尽管上述部分文献已经考虑了企业产出的数量可变的情况，并求出了最优投资规模的数值解。但由于推导过程过于复杂，并没有求出解析解表达式，导致对经济变量之间的作用机制无法进行准确描述，而且现有研究没有进一步分析企业生产柔性究竟给企业投资带来了多大的价值及其蕴含的经济含义。据此，本书运用实物期权理论，求解给出不变产出和可变产出条件下企业最优投资时机和最优投资规模的解析表达式，并比较研究两种不同条件下同时选择最优投资时机和最优投资规模的决策问题。

现阶段，竞争及一些外在影响因素也被纳入投资时机和投资规模的研究分析中。如考虑风电容量增加对电价的影响，应用实际期权分析方法研究如何优化抽水蓄能电站的生产计划和计算年度收入流量，找出抽水蓄能系统的最佳投资时间和容量选择。在投资规模给定的前提下，学者考虑到不确定因素及企业之间的竞争因素，运用期权博弈模型，给出双寡头市场下企业投资时机均衡策略。一些现有研究的贡献在于将投资时间和投资能力结合在一起，但是并没考虑市场上的竞争因素。因此，这样的结果是显而易见的，即在较高的不确定性水平下，企业投资时机越滞后，投入的产能规模越大。他们考虑到动态和竞争，增加不确定性的维度，构建了双寡头期权博弈模型，通过确定投资时间和生产能力选择来充分分析双寡头市场已进入企业的投资决策。

2.3.3　投资激励策略问题研究

通过多种方式减少项目收益的不确定性成为政府激励投资的有效手段。贷款担保可以降低投资风险，可以实现投机激励的目的。非政府资本参与铜矿开发的招标条款，并认为降低投资承诺和期权溢价，将会诱发更多投资。政府给予的债务担保，能够降低资本成本和提升项目价值，实现投资激励的目的。政府向私人投资者提供最小收益担保（minimum revenue guarantee，MRG）可以触发项目投资，并给出政府最小收益担保和放弃担保的条件。政府向非政府投资者提供最小需求担保可以促进其投资行为。同时，政府的补偿承诺能够刺激私人投资者投资。在运营阶段建立了关于成本应急和政府补贴的期权组合模型，以确保项目得以顺利完成。上述分析框架为人们提供了另一种视角，他们认为在政府设计最优惩罚契约来实现私人投资者立即投资建设—经营—转让（build-operate-transfer，BOT）项目的合同条款中，政府没有强加立即投资的义务，但是如果私人投资者不进行立即投资，具有法律效力的惩罚应该强加到合同条款中。

运用实物期权模型检验了税收减免和产量补贴及税收组合在投资激励中的作用效果，他们的结论是：在激励政策中投资补贴的作用效果要优于税收减免，意味着政府激励应该更多地依靠投资补贴而不是税收减免。然而，现实中更多的政府确实采用了税收减免和投资补贴组合的方式。为了用理论解释这种现象，学者又进行了深入的研究。政府的政策制定者应该清楚地认识到正确的税收减免和产量补贴组合能够实现政府激励的目的，正确地使用这种激励的比例至关重要，否则政府在激励投资的过程中将会失去更多的价值。基于这种认知，为了最大化社会公共收益，给出了能够吸引潜在投资者进行投资的最优的税收减免和产量补贴组合。采用实物期权模型研究了政府使用减税或投资补贴作为诱发即时投资的净收益，当政府与私人企业使用的贴现率不同时，政府提供投资补贴，对项目利润征收正税率可能是最佳的。因此，提供一个令人困惑的解释，许多政府为企业提供投资补贴，同时征税。基于长期可持续发展的原因，资金补贴能够降低项目实施者的初期投资成本，经常被认为是经营补贴的首选。政府可以制定刺激私人投资的不同政策，讨论并给出不同类型激励的最佳激励水平，得出补贴政策优于减税，而公共竞争却降低的最优补贴水平。

2.4　现有研究的比较分析与启示

国内外学者对不同领域的投资评价与投资决策问题都进行了大量研究，取得了丰硕的研究成果，为本书研究提供了借鉴和有益启示。通过总结、比较分析页岩气开发项目投资评价相关研究，结合我国页岩气开发项目的特征，发现现有研究主要在评价的准确性和解释力等方面还存在一些欠缺，有待进一步深入。对现有研究的分析评价结果如表 2-5 所示。

表 2-5　页岩气开发项目投资相关研究成果及评价

主要代表文献	研究成果	对现有研究的总结与评价
Dong 等（2013）；Yuan 等（2015）；Xia 等（2015）；等等	将各种成本、产量、价格、税收及政策等因素纳入页岩气开发项目投资评价中	识别页岩气开发项目投资评价的主要指标或影响要素，为开发企业更加准确评价页岩气开发项目内在价值提供了理论支持
Asche 等（2012）；王志刚（2014）；Weijermars（2015）；刘子晗等（2016）；等等	指出了页岩气开发过程中以技术攻关为目的，开展技术学习能够有效降低开发成本	为更加深入探讨页岩气开发项目投资评价问题奠定了基础，为本书更加准确评价页岩气开发项目投资价值指明了方向
Weijermars（2013）；吴艳婷等（2015）；肖磊等（2016）；等等	采用以 NPV/IRR 为代表的 DCF 评价方法，对页岩气开发项目投资的经济可行性进行了评价	评价方法具有易于操作量化和执行、考虑了货币的时间价值等优点，但对发掘不确定环境下的各种投资机会却显得解释力不足；同时现有研究并没有深入探讨技术学习对投资成本及对投资评价结果的影响

学者虽然在矿产资源和可再生能源项目投资评价中，采用了基于实物期权理论改进的 NPV 评价模型对能源投资项目进行投资价值评价，识别了投资管理的灵活性价值，并讨论这种方法相对于其他替代方案（NPV 或 IRR）的优势。文献检索发现，国内外关于页岩气开发项目投资决策问题的研究还鲜有涉及。因此，笔者对本书研究问题的相关研究文献进行了简要回顾，比较分析发现相关研究成果在页岩气开发项目投资决策应用上，仍存在有待完善的地方，如表 2-6 所示。

表 2-6　页岩气开发项目投资决策相关研究成果及评价

主要代表文献	现有研究成果	对现有研究的评价
Cortazar 等（2008）；Wesseh 和 Lin（2015；2016）；Zhu 等（2015）；Zhang 等（2016）；等等	分别处理了不同能源开发项目投资面临成本、价格、技术进步、汇率等方面的不确定性风险	能源开发项目投资决策方面的研究更加关注不确定性因素的识别与描述，致力于运用投资的灵活性来对冲项目价值的不确定性，为投资者提供更为准确的决策准则。然而，能源开发项目本身所具有的特征对其收益和决策的影响常常被忽略
van Bekkum 等（2009）；Esber 和 Baier（2010）；Mastroeni 和 Naldi（2010）；阳军等（2012）；Hagspiel 等（2012）；等等	投资者面临市场需求、价格等不确定风险时，建立了投资决策模型，推导给出投资时机与投资规模的数值解或解析解	现有研究为本书开展页岩气开发项目投资时机与钻井数量选择研究提供了理论支持。但有些研究一方面只关注了不确定条件下投资时机的选择而未考虑投资规模问题，另一方面虽然同时考虑投资时机与投资规模，但相关研究多侧重关注弹性规模
Pawlina 和 Kort（2001）；Smit 和 Trigeorgis（2006）；Mason 和 Weeds（2010）；彭伟等（2014）；吕秀梅和邵腾伟（2015）；等等	考虑了投资的不可逆性、不确定性、竞争性、外部性及企业内生因素的不对称性，构建了双寡头企业投资决策模型，给出投资临界值及均衡策略	运用期权博弈理论，研究不确定性条件下存在竞争的投资决策问题，克服了实物期权不具有金融期权的排他性及大多数的投资机会都不具有独占性的不足，为本书后续开展讨论双寡头开发企业面临同样投资机会时策略选择问题的研究提供了理论基础。但内生因素的不对称性会因不同项目载体而存在普适性和自治性方面的不足
Ho 和 Liu（2002）；Alonso-Conde 等（2007）；Brandão 和 Saraiva（2008）；Sarkar（2012）；Armada 等（2012）；Ribeiro 等（2014）；等等	提供了多种减少项目收益的不确定性方式，或给出政府触发私人投资者进行投资的激励方式选择策略或相应的激励水平	解决了政府如何通过不同的激励方式并提供相应的激励水平，促使私人投资者进行投资或立即投资。现有研究为本书开展页岩气开发投资激励策略研究提供有益参考。但现有研究在一定程度欠缺对激励成本和项目外部性收益的考虑，以及忽略私人投资者不仅拥有投资期权，而且同时还拥有放弃期权的事实

从页岩气开发实际来看，在开发企业完成产能建设进入采气运营阶段后，开发企业均拥有暂停期权，即有权在页岩气价格低于边际采气运营成本时暂停采气，直到页岩气价格高于边际采气运营成本时再恢复生产。并且，涪陵页岩气田实地调研发现，当产能建设完成后，这种暂停需要支付暂停或重新开始的任何一次性成本可忽略不计。遗憾的是，目前在油气开发项目投资领域，考虑暂停期权的文献却非常少见。虽然已有学者开展了可暂停生产项目投资时机选择策略研究，但运用到页岩气开发项目投资时机选择中仍存在不足之处。

一般的研究均局限于双寡头垄断市场。期权博弈理论应用的可操作性有待进一步开发。博弈理论是现阶段投资决策领域研究的热点，但是从国内的研究成果来看，其应用的实际价值不是很理想。期权博弈更多的是集中在理论方面的研究，在实际中管理者在做决策时这一理论却没有得到广泛应用。主要是由于模型过于复杂，投资管理者不能很好地理解。

现有文献关于投资价值、实物期权等方面的研究为本书研究提供了有益借鉴。

然而，研究对象、研究问题及研究目的的差异，导致以往学者的研究成果并不能很好地应用到页岩气开发投资领域。

学者虽然为政府设计了多种触发私人投资者进行投资的激励机制，但是他们的研究在一定程度欠缺对政府激励执行成本、项目外部性收益及私人投资者拥有多种期权这些事实的考虑。

第3章 页岩气开发项目投资价值评价研究

为加快我国页岩气勘查开发，原国土资源部决定对页岩气探矿权进行国内公开招标。前两轮页岩气区块招标吸引了包括民营企业在内的众多企业积极参与，但由于投资开发形势缓慢，低于预期，计划在2013年完成的第三轮招标一度搁浅至今。目前，众多企业对于页岩气开发持观望态度。准确评估页岩气开发项目投资价值是具备页岩气开发能力的企业客观做出是否参与投标决策的前提。然而，现有投资价值评价模型面对页岩气这一新兴矿产资源开发过程中表现出的新特征缺乏足够的解释力。页岩气与常规油气资源开发相比，不仅仅是风险更高、投资更大及投资回报期更长等只需改变以往经典模型参数就能准确评估其投资价值的区别。本章结合我国页岩气开发过程中表现出的技术学习、产量递减及复合期权特征，对传统价值评价模型进行修正，建立页岩气开发项目投资价值评估模型，以期为计划进入页岩气开发领域的企业提供决策参考。

3.1 引　言

涪陵页岩气田实地调研和现有学者的研究均表明尚处于初级阶段的页岩气开发存在显著的技术学习特征。改善页岩气生产技术，提高成本效益使得美国页岩气资源变得有利可图，石油和天然气价格的不确定性风险会对页岩气价格和产量产生影响。通过全过程、技术与经济一体化"学习"，取得了钻井提速、施工效率提升、工程成本下降的显著效果，有力推动了非常规油气资源的规模有效开发。快速技术创新可以帮助企业提高页岩气田的经济效益。中国的页岩气大多是边际资源，其勘探开发工艺复杂、投资风险高，但技术进步和技术积累可以降低开发投资，实现低成本商业化开采，并指出如果在经济评价过程中忽视技术进步对资源投入和产出的影响，会造成资源价值低估。

现有关于页岩气开发项目的价值评价研究不仅忽视了技术学习对评价结果的影响，也忽视了项目投资管理的灵活性价值。国内外学者已经初步开展了页岩气开发项目价值评估问题的研究，但更加注重页岩气开发项目内在价值的评价，采用的评价分析工具多为以NPV等为代表的传统贴现现金流评价方法。因此，这类研究可以为开发企业提供简单易操作的投资可行性评价方法，但会忽视技术学习带来的成本下降及管理的柔性价值，低估页岩气开发项目投资价值，使评价结果出现偏差。因此，页岩气开发项目价值评价问题有待进一步深入研究。

本书针对现有页岩气开发项目价值评价研究的局限，借鉴以往学者对其他能源项目价值评价时，采用能够识别投资管理的灵活性价值评价方法与思想（基于实物期权理论改进的 NPV 评价方法），并结合页岩气开发项目特征（技术学习、产量特征、多阶段投资），构建基于页岩气开发项目特征的价值评估模型。本章与上述研究的不同之处在于不仅识别了多阶段投资项目的灵活性期权价值，还结合页岩气开发项目特征，尤其是我国页岩气开发区别于常规油气而具有的显著技术学习特征，更加符合实际地评估了页岩气开发项目投资价值。此外，本章还考虑了技术学习过程会消耗一定的资源并产生一定的学习费用这一客观现实。虽然在知识管理的有关研究中，技术学习过程需要一定的投入这一点也得到了广泛认可。但是，可能因为未能认识到学习成本的重要性及其对学习过程的重要影响，国内外关于技术学习降低能源技术成本的研究中，鲜有文献明确提出能源技术学习成本的概念并进行评价。

本章从已有文献的局限出发，结合我国页岩气开发项目的实际特点，构建价值评价模型，对页岩气开发项目价值评估进行研究。研究内容安排见图 3-1。

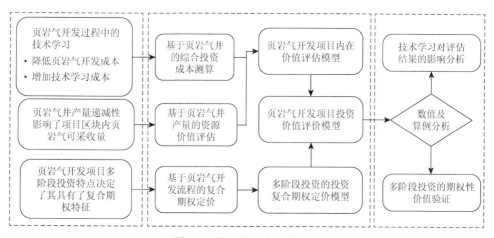

图 3-1　第 3 章研究内容安排

首先，依据调研信息和已有研究文献，论证页岩气开发项目的技术学习、产能和产量及多阶段投资的复合期权特征，并澄清这些特征对页岩气开发项目投资评价结果的作用机理。其次，用页岩气钻井数量衡量产出，用单位页岩气井成本变动趋势刻画页岩气开发技术学习曲线，借鉴 Majd 和 Pindyck（1987）的学习曲线模型并考虑学习成本，给出页岩气开发项目投资成本测算方法；借助 Weijermars（2013）的单井产量模型和复合期权定价方法，分别评价页岩气开发项目可采资源价值和依据开发流程划分为三阶段投资的柔性价值；最终按照实物期权评价模型思想建立页岩气开发项目投资价值评价模型。最后，根据实地专家访谈信息和美国页岩气开发相关研究文献，合理设定模型参数，通过数值分析和算例分析方法，揭示技术学习特征对评价结果的影响，以及油气开发行业普遍采用传统 NPV 评价模型的缺陷，并给出相应的管理启示或建议。

3.2　页岩气开发项目特征的识别与分析

3.2.1　技术学习及其对投资成本的影响

页岩气开发技术体系尚不成熟是页岩气开发成本高昂的一个重要原因，但这同时也为技术学习提供了巨大的空间。根据 Wright（1936）的学习曲线理论，初始着手一项新的工作，效率总是很低，后来经过一段时期的锻炼，积累了一定经验，工作就会越做越好，越做越快。在页岩气勘探开发领域也同样存在这样的规律。随着钻井数量的增加，单位钻井成本逐渐降低。因为缺乏地质条件及开发环境的先验信息，第一口页岩气井的成本往往是最高的，一旦第一口页岩气井成功钻出，技术学习将使第二口页岩气井的钻井成本大大降低。页岩气开发过程中技术学习对开发成本的影响主要表现在随着累积钻井数量增加，工人趋于熟练，钻井效率不断提高；开发过程中的报废率、返工率不断降低；钻井缺陷得到弥补；设备的设定、模具的更换时间不断缩短；经过前期生产学习，设备的效率及利用率等方面不断得到改进；原材料及半成品等库存控制日趋合理；通过改进过程控制，突发事件及故障不断减少；随着开发的进行，前期的工程、工艺技术调整与变更越来越少。以涪陵页岩气田为例，通过开展技术学习项目，显著地降低了开发成本（表 3-1），页岩气开发在经济上变得可行。

表 3-1　涪陵页岩气田开展的主要技术学习项目及作用效果

技术学习项目	作用效果
学习国外勘探开发的成功理念和经验	跳出了常规勘探思路
深入研究国内外页岩气井资料	形成了非常规勘探理念
开展野外调查、分析化验及老井复查工作；开展测井模型建立及解释/地震资料综合解释；开展页岩气富集研究	摸清了泥页岩发育和展布规律并实现了页岩气地质认识的飞跃
编制《涪陵页岩气田井站标准化建设方案》	提出 300 条合理化建议，为示范区标准化建设提供参考和依据
新型 PDC*钻头/LWD**的钻井工艺；国产螺杆/国产牵引器技术	缩短了钻井周期节约了钻井成本
油基钻井液体系/弹塑性水泥浆体系/高效滑溜水体系	降低钻井成本 30%以上

续表

技术学习项目	作用效果
多级射孔与泵送桥塞联作技术	单段压裂费用降低近 50%
攻克了全复合材料桥塞制造、水力泵送桥塞、连续油管钻塞等大压裂关键技术中的装备制造难关	形成了具有中国特色的页岩气压裂装备配置技术体系
国产多级滑套压裂工具	价格为国外同类产品的 70%
自主研制 3000 型压裂车	满足了山区环境下"连续施工、大负载、长时间"的压裂需求
探索实施"井工厂"钻井和交叉压裂的施工模式	开辟了页岩气田科学、高效、安全开发的新途径

*: polycrystalline diamond compact bit

**: logging while drilling

涪陵页岩气田开展的技术学习，为降低页岩气勘探开发成本做出了积极贡献，使得勘探发现的页岩气储量得以经济有效地开发。以涪陵页岩气开发为例，单位钻井成本已从 1 亿元下降到 6000 万～7000 万元，钻井周期已从 150 天缩至 70 天，最短的只有 46 天，单段压裂成本由最初的 515 万元下降到 298 万～341 万元（图 3-2）。

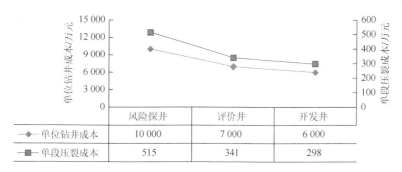

图 3-2　涪陵页岩气田技术成本曲线

中国石油化工股份有限公司高级副总裁王志刚也指出全过程、技术与经济一体化"学习"可以提高钻井速度、提升施工效率及促进工艺技术进步和工程成本下降，对加快非常规油气资源开发进程起到了积极的推动作用。页岩气成藏条件和赋存机理与传统能源具有显著的差异，导致传统的开发技术无法满足页岩气开发的需求。而且，不同页岩气开发项目的地质条件差异也导致现有开发技术不能解决一些无法预知的障碍。为了解决开发过程中出现的不确定性问题，开发企业需要开展以技术攻关为目的的技术学习活动。刘子晗等（2016）认为应该对先进技术设备和技术工艺的学习，对现有技术设备、工艺进行调整或改进以应对当前面临的开发障碍，使后续开发效率得到提升，从而实现降低开发成本的目的。同时技术调整和技术改进可以有效降低各种不确定性问题发生的可能，减小了钻井工程停止、放弃及出现"干井"的概率。其中，弃井和干井是产生巨大沉没钻井成本的根源。技术学习不仅可以直接降低开发成本，还能通过技术设备改进来降低不确定性问题发生的可能性，减小沉没钻井成本，间接降低开发成本。

3.2.2 页岩气井产量特征及其对可采气量的影响

页岩气主要以吸附态或游离态赋存于页岩储层中，与常规天然气相比，通常具有埋藏深、自生自储、储层低孔低渗、区域性连续性分布、气藏压力异常、产能及采收率低、生产周期长等特点。页岩气藏独特的地质特征与成藏机理决定了页岩气藏自然产能低或无自然产能。Kuhn 和 Umbach（2011）基于欧洲多个页岩气区块产量的实证研究表明单口页岩气井产量具有一定的递减速率，而且不同区块的递减速率还有差异性。邹才能等（2013）通过对常规油气与非常规油气地质特征、分布特征、开采特征等进行对比分析，也提出了非常规油气开采具有典型的 L 型生产曲线特征。涪陵页岩气气田实地调研也证实了页岩气井产量存在递减现象。

由于产气量递减率的存在，在当前采气技术水平和投资预算确定的前提下，页岩气开发项目的产能将由初始采气量和产气量递减率决定。在确定了页岩气开发项目投资区块后，区块内的资源品位可以确定初始采气量的大小，而此时页岩气井产气量递减率越大，开发企业可获取的采气量越小，反之亦然。

3.2.3 多阶段投资的复合期权特征及复合期权价值

页岩气与常规油气在开发技术工艺和开发难度上存在差异，但是开发流程基本一致。通过对重庆涪陵页岩气田实地调研资料整理，页岩气开发基本流程如图 3-3 所示。

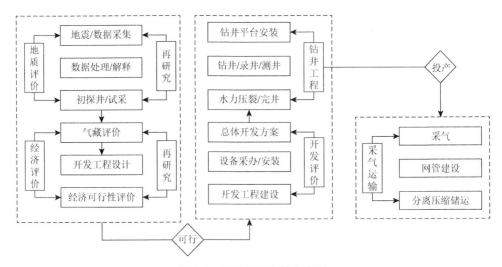

图 3-3　页岩气开发基本流程

页岩气开发是个复杂的系统工程，与常规油气开发相比，投资更大、周期更长、不确定性更高，这决定页岩气开发项目具有更高的投资风险，需要科学的投资策略予以支持。开发企业为了避免遭受过大损失，常采用灵活性的投资策略，即在每一阶段的投资实施之后，开发企业都会根据上一阶段获取的信息对项目重新进行价值估计，并以此判断是否进行下一阶段的投资。

根据页岩气开发基本流程，页岩气开发项目可被划分为与常规油气基本一致的三个投资阶段，如图 3-4 所示。

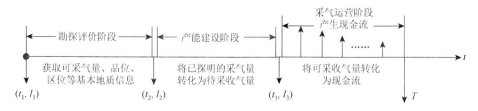

图 3-4　页岩气开发投资阶段划分

如图 3-4 所示，页岩气开发投资的三个阶段分别是勘探评价阶段、产能建设阶段和采气运营阶段。开发企业通过 t_1 时刻的勘探评价投资 I_1，可获取可采气量、品位、区位等基本地质信息，开发企业通过这些信息能够初步核算出页岩气储量价值，并据此判断下一阶段产能建设投资的可行性。如果可行性评价通过，开发企业可选择在 t_2 时刻追加投资 I_2，进入产能建设阶段。产能建设阶段通过采用相应技术和采购相应设备将已探明的采气量转化为待采收气量。产能建设完成后，开发企业同样面临着是否进行采气运营阶段的投资。如果开发评价通过，开发企业可选择在 t_3 时刻追加投资 I_3，进入采气运营阶段。在采气运营阶段，开发企业通过上交或出售页岩气获取现金收益。

页岩气开发项目投资的各阶段既具有独立性，又具有连续性。其中，前期投资的顺利实施是后续阶段投资的必要条件，而后续投资的存在会影响前期投资价值。开发企业在每个阶段都拥有投资机会的选择权。在每一阶段投资完成之后，管理者都有一段时间重新决策是否继续投资，如果项目运行顺利且市场良好就继续投资；如果运行结果偏离预测或市场低迷就可以停止投资，避免更大的损失。开发企业在每个阶段都拥有延迟投资的管理灵活性。因此，可将每个阶段的投资机会选择权视为可延迟的欧式买方期权，而页岩气开发项目投资则是由相互链接、先后有序的投资机会组合而成的多重复合期权。依据实物期权理论，页岩气开发项目多阶段投资的特点决定了开发企业还拥有投资管理的复合期权价值。

3.3　页岩气开发项目成本及其资源价值估算

3.3.1　基于技术学习的开发投资成本估算

1. 技术学习效应的描述

我国页岩气开发尚处于初级阶段，开发过程中伴随着显著的技术学习效应。技术学习效应由学习效应演化而来，学习效应是指当一个人或一个组织重复地完成某一项产品生产任务时，完成单位产品所需的时间会随着产品生产数量的增加而逐渐减少，然后会趋于稳定。以往的研究中，学习效应通常用学习曲线（learning curve）来描述，而学习曲线又称熟练曲线，是一种动态的生产函数。它表示在产品的生产过程中，随着累积产量的增加，单位产品耗时会逐渐下降，但当累积产量达到一定数量后，单位产品耗时将趋于稳定。这种累积平均工时与累积产量之间的关系称为学习曲线。根据统计分析，单位产品耗时和累积产量的关系呈指数关系，如图 3-5（a）所示。

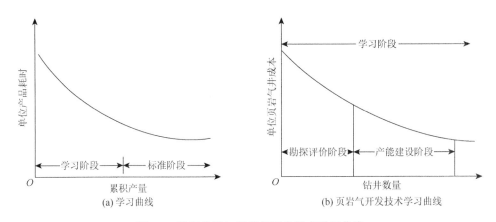

图 3-5　学习曲线与页岩气开发技术学习曲线

学习曲线包含两个阶段：一是学习阶段，该阶段单位产品耗时随累积产量的增加而逐渐减少；二是标准阶段，该阶段单位产品耗时基本稳定，学习效应可以忽略不计，可用标准时间进行生产。

最初被大家广泛使用的学习曲线数学模型的形式为 $y = a\chi^{-b}$，其中，a 表示生产第一件产品的工时；χ 表示生产产品的累积产量；b 表示学习系数。之后，学习曲线模型不断被拓展和修正。其中，Majd 和 Pindyck 建立用来描述学习与成本变动关系的学习曲线模型。由于模型参数较少、可操作性及适应性较好而得到了众多学者的认可，其模型如下：

$$C(Q) = \begin{cases} Ce^{-\gamma Q} & Q < Q_{\mathrm{M}} \\ Ce^{-\gamma Q_{\mathrm{M}}} = \underline{C} & Q \geqslant Q_{\mathrm{M}} \end{cases} \quad (3\text{-}1)$$

式（3-1）描述了当企业面临学习曲线时，边际成本随着累积产出的增加而递减，直到学习效果消失时的成本水平 $\underline{C}$。其中，C 表示初始边际成本；γ 表示学习强度参数；Q 表示累积产出；Q_{M} 表示学习效应消失时的累积产出。

　　随着技术学习理论研究的深入，技术学习的内涵与外延不断拓展。刘鹏（2013）认为技术学习已不再单单描述技术应用的规模效应，还应包括新技术的引进、消化、吸收到再创新的过程。技术进步实现成本下降和绩效提升已经在能源决策和长期能源系统设计或评价中予以充分考虑，而学习曲线是量化通过学习过程实现技术进步的有效方法之一。因此，本书试图拓展 Majd 和 Pindyck 学习曲线模型的内涵与外延，并将其转化应用于描述页岩气开发项目的技术学习效应，见图 3-5（b）。由专家访谈信息得知在采气运营阶段基本上还是沿用相对成熟的常规油气相关技术，在勘探评价和产能建设阶段常规油气开发技术对页岩气并不适用，现有页岩气开发技术相对新颖。因此，页岩气的产气运营阶段的技术学习效应可以忽略不计，而在勘探评价阶段和产能建设阶段存在显著的技术学习效应。可以预见技术的日益改进与成熟，将在很大程度上降低页岩气勘探评价阶段和产能建设阶段的投资成本。如果将页岩气井视为在勘探评价和产能建设阶段的产出，则随着钻井数量的增加，单位钻井成本逐渐降低。由于我国页岩气开发整体尚处于初始阶段，可以预见在未来的很长一段时间内页岩气开发将一直伴随着技术学习效应。需要指出的是，如果将页岩气井视为产出，技术学习效应将是页岩气开发技术体系的规模效应，而不是某一单一技术应用的规模效应。

2. 基于技术学习的开发投资成本估算

　　基于上述分析，本节拓展 Majd 和 Pindyck 学习曲线模型的内涵与外延，用页岩气钻井数量衡量产出，用单位页岩气井成本变动趋势刻画页岩气开发项目勘探评价和产能建设阶段的技术学习曲线，同时，考虑技术学习成本，并借鉴杨青和李珏（2004）对努力成本的描述来刻画技术学习成本，给出页岩气开发成本测算模型。

　　页岩气开发过程中技术学习与成本变动的关系可描述如下：

$$C(Y) = C(1)e^{-\gamma Y} \quad (3\text{-}2)$$

其中，$C(Y)$ 表示累积钻井数量为 Y 时的边际页岩气井成本，包括成功开发一口页岩气气井所产生的地质调查费、征地借地费、技术使用费、许可及评估费、钻井工程费、录井及测井费、完井工程费（射孔、压裂）等；Y 表示累积钻井数量；$C(1)$ 表示当前技术水平下第一口页岩气井的生产成本，是可以观测的。

假设某页岩气开发项目勘探评价阶段需要的钻井数量为 n_1，产能建设阶段所需要的钻井数量为 n_2（n_1 和 n_2 的大小可根据竞标页岩气项目公示的大小及资源量估算得到），则累积钻井数量应该为 $n = n_1 + n_2$。如果将累积钻井数量视为连续变量，可得勘探评价阶段开发成本估算模型如下：

$$I_{11} = \int_0^{n_1} C(Y)\mathrm{d}Y = C(1)\left(\frac{1-\mathrm{e}^{-n_1\gamma}}{\gamma}\right) \qquad (3\text{-}3)$$

其中，I_{11} 表示勘探评价阶段开发成本。

同理，可得产能建设阶段的成本估算模型为

$$I_{21} = \int_{n_1}^{n_2} C(Y)\mathrm{d}Y = C(1)\left(\frac{\mathrm{e}^{-n_1\gamma} - \mathrm{e}^{-n\gamma}}{\gamma}\right) \qquad (3\text{-}4)$$

其中，I_{21} 表示产能建设阶段开发成本。

技术学习除了表征技术的规模效应外，还应该凸显在技术上的模仿、引进、消化、吸收与提高技术能力的过程中。技术学习的本质在于后来企业积累和提高技术能力的过程或行为。现有的技术学习理论表明不管是个人活动还是组织活动的技术学习，学习过程都需要消耗一定的资源并产生一定的学习费用，这是一个符合逻辑的假设。技术学习成本可以定义为开发企业在引进、消化和吸收先进技术，形成自身创新能力的过程中支付的各种直接与间接投入。因此，页岩气开发总成本除了应用学习曲线理论测算的开发成本，还应包括技术学习成本。技术学习成本与技术学习强度有关，技术学习强度越大，技术学习速率越高，技术学习成本越大。假定 K 为页岩气开发企业的技术学习成本参数，参考杨青和李珏（2004）对努力成本的描述，将单位页岩气井需要投入的技术学习成本表示为

$$g(\gamma) = \frac{1}{2}\gamma^2 K \qquad (3\text{-}5)$$

其中，$g(\gamma)$ 表示技术学习强度为 γ 时每口页岩气井需要付出的学习成本支出。按照勘探评价和产能建设阶段各自的钻井数量，可以得到这两个阶段各自的技术学习成本支出分别为

$$\begin{cases} I_{12} = \dfrac{n_1}{2}\gamma^2 K \\ I_{22} = \dfrac{n_2}{2}\gamma^2 K \end{cases} \qquad (3\text{-}6)$$

其中，I_{12} 表示勘探评价阶段维持当前学习强度需要投入的技术学习成本总额；I_{22} 表示产能建设阶段继续维持当前学习强度需要投入的技术学习成本总额。

结合式（3-3）、式（3-4）和式（3-6）可给出开发企业在各阶段投入的总成本函数：

$$\begin{cases} I_1 = C(1)\left(\dfrac{1-\mathrm{e}^{-n_1\gamma}}{\gamma}\right) + \dfrac{n_1}{2}\gamma^2 K + \varepsilon_1 \\[2mm] I_2 = C(1)\left(\dfrac{\mathrm{e}^{-n_1\gamma}-\mathrm{e}^{-n\gamma}}{\gamma}\right) + \dfrac{n_2}{2}\gamma^2 K + \varepsilon_2 \end{cases} \qquad （3\text{-}7）$$

其中，$I_1 = (I_{11}+I_{12})$ 表示开发企业在勘探评价阶段需要的投资成本；$I_2 = (I_{21}+I_{22})$ 表示开发企业在产能建设阶段需要的投资成本；$n = n_1 + n_2$ 表示总共钻井数量；ε_1 和 ε_2 表示随机变量，$\varepsilon_1 \in N(0,\sigma_1)$，用来衡量勘探评价阶段内外部环境及技术学习不确定性引起的成本波动，$\varepsilon_2 \in N(0,\sigma_2)$，用来衡量产能建设阶段内外部环境及技术学习不确定性引起的成本波动的随机变量。

由专家访谈信息得知，页岩气采气运营阶段与传统油气的采气运营阶段所采用的技术体系基本一样，所以笔者认为技术学习对页岩气采气运营阶段投入成本的影响可以不予考虑，依然是当前技术水平下的估算值 I_3。从而可得到页岩气开发项目投资综合成本期望审现值和折现值如下：

$$\begin{aligned} E(I) &= E(I_1) + E(I_2)\mathrm{e}^{-r(t_2-t_1)} + E(I_3)\mathrm{e}^{-r(t_3-t_1)} \\[2mm] &= C(1)\left(\frac{1-\mathrm{e}^{-\gamma n_1}}{\gamma}\right) + \frac{C(1)}{\mathrm{e}^{r(t_2-t_1)}}\left(\frac{\mathrm{e}^{-\gamma n_1}-\mathrm{e}^{-\gamma n}}{\gamma}\right) + \frac{I_3}{\mathrm{e}^{r(t_3-t_1)}} + \frac{(n_1+n_2\mathrm{e}^{-r(t_2-t_1)})}{2}\gamma^2 K \end{aligned}$$

$$（3\text{-}8）$$

其中，r 表示投资的无风险利率；I_1，I_2，I_3 分别表示当前技术水平下页岩气开发投资的勘探评价、产能建设及采气运营三个阶段的投资预算额；t_1，t_2，t_3 分别表示三个阶段的投资时刻；γ 表示学习强度参数；$n = n_1 + n_2$ 表示页岩气开发项目需要的钻井数量。第一项和第二项分别描述具有技术学习效应的页岩气勘探评价和产能建设阶段的开发成本期望折现值；第三项描述可以忽略技术学习效应的采气运营阶段开发成本期望折现值，第四项描述勘探评价和产能建设阶段所需要投入的技术学习成本折现值。

3.3.2　基于产量特征的资源价值估算

页岩气开发项目的资源价值是指项目区块内可采气量能带来的收益现值，主要由区块内页岩气可采气量和页岩气井口价格两个因素决定。

1. 页岩气开发项目资源储量评估

在无外力干涉的自然情况下，油气资源的年生产率会随开采的深入而逐年递减已被业界所熟知。衡量产量递减快慢的技术指标是递减率，产气量递减率是指单位时间内产量变化率或单位时间内产量递减的百分数。递减率的大小反映了油田稳产形势的好坏，递减率越小，说明稳产形势越好，综合递减率是制定油气生产计划的依据之一。目前，预测油气田产量与可采储量的方法有指数递减函数、油气藏数值模拟、概率预测等方法。然而，由于每种预测模型所依据的产气量递减率变化规律不同，从而预测的可采储量相差较多。美国和欧洲多个页岩气区块的实证研究也表明单口页岩气井产量具有一定的递减速率，根据 Weijermars（2013）给出的页岩气井产量模型，采用极限转换方法给出了本书的页岩气单井产量模型：

$$q(t) = \lim_{m \to \infty} q_0 \left(1 - \frac{\upsilon}{m}\right)^{mt} = q_0 e^{-\upsilon t} \tag{3-9}$$

其中，υ 表示页岩气井年产气量递减率，$0 \leq \upsilon < 1$，表征地质、技术条件等因素所导致的产量递减性；$q(t)$ 表示页岩气井在第 t 年的采气率（$0 \leq t \leq T$），其中 T 为页岩气资源开采年限；q_0 表示页岩气井的初始产气率。

2. 页岩气价格

我国过去主要是采用国家调控下的成本加成法定价，2013 年以后才开始在全国范围内采用净回值法定价。目前我国采用的净回值法仍然是限制性的，市场机制还不是非常灵活，但定价进一步市场化是未来的发展趋势。如果在完全竞争市场下，页岩气价格将因受外部因素（市场需求、替代品供给量、政策）影响随机波动，难以估计其分布函数。本书参考以往学者对自然资源价格变动过程的描述，将其变动过程描述为服从几何布朗运动的随机过程：

$$dp(t) = \mu p(t) dt + \sigma p(t) dz \tag{3-10}$$

其中，μ 表示页岩气价格瞬时期望增长率；σ 表示页岩气价格瞬时波动率；dz 表示标准维纳过程增量。

3. 页岩气开发项目资源价值评估

根据页岩气价格和采气量分析并考虑资金的时间价值，可将页岩气开发项目在可采气年限产生的总现金流的折现值作为对页岩气开发项目资源价值的衡量。因此，可得页岩气开发项目在采气运营阶段的现值模型：

$$V = \int_{t_3}^{(T-t_3)} e^{-rt} p(t) q(t) dt \tag{3-11}$$

其中，V 表示页岩气开发项目资源价值；$p(t)$ 和 $q(t)$ 分别表示采气阶段内 t 时刻的页岩气井口市场价格和采气量。将式（3-9）和式（3-10）代入式（3-11）整理可得页岩气在采气运营阶段的期望价值的折现值：

$$E(V) = \frac{np_0 q_0}{r - \mu + \upsilon}\left[1 - e^{-r(r - \mu + \upsilon)(T - t_3)}\right] \tag{3-12}$$

其中，$E(V)$ 表示页岩气项目在采气运营阶段期望价值的折现值；p_0 表示采气初始时刻的页岩气价格；t_3 表示初始采气时刻；T 表示页岩气项目开发周期。常规油气技术可开采年限一般为 10～20 年，而以页岩气为代表的非常规油气由于储藏特点，其技术可开采年限往往可达 30～50 年。因此，为了使运算更加简便，不妨假设技术可开采年限足够大，则页岩气开发项目资源价值可简化为

$$E(V) = \frac{np_0 q_0}{r - \mu + \upsilon} \tag{3-13}$$

其中，$E(V)$ 表示满足技术可开采年限足够大假定下的页岩气开发项目资源价值期望现值。

3.4　页岩气开发项目投资价值评价

页岩气开发投资也是一种学习型投资，即消除一系列地质与市场等不确定性的期权。如果把页岩气开发项目各个阶段分别作为一个整体来考虑，则在每个阶段结束后，开发企业都可以重新评价页岩气开发项目，从而决定是否继续下一阶段投资。这种灵活性的投资策略赋予了开发企业在每一阶段投资结束后，都拥有在预期效果不理想的情况下选择停止投资的权利，以避免产生更大的损失。因此，页岩气开发项目的投资价值除了通过传统的 NPV 法计算获得的项目本身的价值外，还应该包括开发过程中这些灵活性策略所具有的期权价值。

3.4.1　页岩气开发项目投资的内在价值

页岩气开发项目的内在价值是指不考虑开发过程中这些灵活性策略所具有的期权价值时页岩气开发项目固有的价值。通常可以用 NPV 法求得页岩气开发项目投资的内在价值评估模型：

$$E(NPV) = E(V - I) \tag{3-14}$$

将式（3-8）、式（3-13）代入式（3-14）整理可得

$$E(\text{NPV}) = \frac{np_0q_0\mathrm{e}^{-r(t_3-t_1)}}{r-\mu+\upsilon} - C(1)\left(\frac{1-\mathrm{e}^{-\gamma n_1}}{\gamma}\right)$$

$$-\frac{C(1)}{\mathrm{e}^{r(t_2-t_1)}}\left(\frac{\mathrm{e}^{-\gamma n_1}-\mathrm{e}^{-\gamma n}}{\gamma}\right) - \frac{I_3}{\mathrm{e}^{r(t_3-t_1)}} - \frac{(n_1+n_2\mathrm{e}^{-r(t_2-t_1)})}{2}\gamma^2 K \tag{3-15}$$

其中，$E(\text{NPV})$ 表示页岩气开发项目内在投资价值的期望现值。

3.4.2　页岩气开发项目投资的期权价值

基于将页岩气开发项目价值的运动过程视为连续而非离散情况更加符合客观实际，本节借鉴 Geske（1979）基于 B-S 定价模型建立的复合实物期权定价模型来评价页岩气开发过程中的灵活性战略价值。

1. 页岩气开发项目蕴含的复合期权

如图 3-4 所示，在 t_1 时刻，开发企业完成勘探评价投资就形成了第一个买方期权。因为勘探评价阶段的投资 I_1 一旦发生，相当于拥有了产能建设阶段投资的机会，到期时间可视为 t_2-t_1。如果执行了第一买方期权，执行时间和执行价格分别可视为产能建设阶段的投资时刻 t_2 和投资额 I_2，相当于经济可行性评价通过，意味着在 t_2 时刻完成了产能建设阶段的投资，此时又形成了第二个买方期权。因为产能建设阶段的投资 I_2 一旦落实，相当于拥有了采气运营阶段投资的机会，到期时间可视为 t_3-t_2。如果执行了第二买方期权，执行时间和执行价格分别可视为产气运营阶段的投资时刻 t_3 和投资额 I_3，相当于规模化商业开发的可行性评价通过，意味着在 t_3 时刻完成了采气运营阶段的投资。由此可认为页岩气开发项目的三个投资阶段伴随着两个期权组合而成的复合期权。其中，第二个期权是第一个期权所导致的。

2. 页岩气开发项目复合期权定价

根据 Geske（1979）的复合实物期权定价模型，页岩气开发项目投资的灵活性战略价值可由式（3-16）给出：

$$F = V\mathrm{e}^{-\delta(t_3-t_1)}M(\zeta_1,h_1;\rho) - I_3\mathrm{e}^{-r(t_3-t_1)}M(\zeta_2,h_2;\rho) - I_2\mathrm{e}^{-r(t_2-t_1)}N(h_2) \tag{3-16}$$

其中，V 表示运营阶段开始后在 T 时刻的收益现值；$M(\zeta,h;\rho)$ 表示标准二元正态分布的累积概率函数，h 和 ζ 为积分界限，表示第一个变量小于 h，第二个变量小于 ζ；$\rho=\sqrt{(t_2-t_1)/(t_3-t_1)}$ 表示两期权相关系数；δ 在期权模型中表示股利支付率，而在本书的经济意义为推迟页岩气开发而保持投资期权有活力的机会成本；$N(h_2)$ 表示累积性标准正态分布函数。参数 ζ_1,ζ_2 和 h_1,h_2 的值由式（3-17）给出：

$$
\begin{cases}
\zeta_1 = \dfrac{\ln(V_F / I_3) + (t_2 - t_1)[(r-\delta)-(1/2)\sigma_V^2]}{\sigma_V \sqrt{t_2 - t_1}} \\[3mm]
\zeta_2 = \dfrac{\ln(V_F / I_3) + (t_2 - t_1)[(r-\delta)+(1/2)\sigma_V^2]}{\sigma_V \sqrt{t_2 - t_1}} \\[3mm]
h_1 = \dfrac{\ln(V_F / V_F^*) + (t_3 - t_1)[(r-\delta)-(1/2)\sigma_V^2]}{\sigma_V \sqrt{t_3 - t_1}} \\[3mm]
h_2 = \dfrac{\ln(V_F / V_F^*) + (t_2 - t_1)[(r-\delta)+(1/2)\sigma_V^2]}{\sigma_V \sqrt{t_3 - t_1}}
\end{cases}
\tag{3-17}
$$

其中，σ_V 表示页岩气开发项目价值不确定性的波动率；r 表示投资的无风险利率；V_F^* 表示 t_2 时刻的项目临界值，可利用 B-S 定价模型计算得到。在 t_2 时刻，执行期权与否的关键在于期权的价值 F_v 是否超过了产能建设阶段的投资 I_2。当执行期权与否无差异时，可以得到页岩气开发项目资源价值的临界值 V^*。因为只有当第二个期权的期权价值大于第一个期权的执行价格时，才会在第一个期权到期时刻执行该期权。因此，可得

$$
F_v(V^*, t_2) - I_2 = 0 \tag{3-18}
$$

由 B-S 期权定价模型，可得产能建设阶段的期权价值的确定解表达式：

$$
F_v = V \mathrm{e}^{-\delta(t_3 - t_2)} N(\zeta_3) - I_3 \mathrm{e}^{-r(t_3 - t_2)} N(\zeta_4) \tag{3-19}
$$

将式（3-14）和式（3-7）中的 I_2 代入式（3-19）整理可得

$$
V^* = \left\{ I_3 \mathrm{e}^{\delta - r(t_3 - t_2)} N(\zeta_4) + C(1)\left(\frac{\mathrm{e}^{-n_1\gamma} - \mathrm{e}^{-n\gamma}}{\gamma} \right) \mathrm{e}^{-r(t_2 - t_1)} \right\} N(\zeta_3)^{-1} \tag{3-20}
$$

其中，k_3 和 k_4 的值由式（3-21）给出：

$$
\begin{cases}
\zeta_3 = \dfrac{\ln(V_F / I_3) + (t_3 - t_2)[(r-\delta)-(1/2)\sigma^2]}{\sigma \sqrt{t_3 - t_2}} \\[3mm]
\zeta_4 = \dfrac{\ln(V_F / I_3) + (t_3 - t_2)[(r-\delta)+(1/2)\sigma^2]}{\sigma \sqrt{t_3 - t_2}}
\end{cases}
\tag{3-21}
$$

将式（3-14）代入式（3-17）整理可得页岩气开发项目复合期权价值：

$$
\begin{aligned}
E(F) = {} & \frac{n p_0 q_0}{r - \mu + \upsilon} \frac{M(\zeta_1, h_1; \rho)}{\mathrm{e}^{\delta(t_3 - t_1)}} - \frac{I_3 M(\zeta_2, h_2; \rho)}{\mathrm{e}^{r(t_3 - t_1)}} \\
& - \frac{N(h_2)}{\mathrm{e}^{r(t_2 - t_1)}} \left[C(1)\left(\frac{\mathrm{e}^{-n_1\gamma} - \mathrm{e}^{-n\gamma}}{\gamma} \right) + \frac{n_2}{n}\left(\frac{1}{2}\gamma^2 K \right) \right]
\end{aligned}
\tag{3-22}
$$

3.4.3　页岩气开发项目投资评价模型

考虑具有期权特征的投资时，项目投资的价值应该包括两部分：一部分是不考虑实物期权的存在，投资项目的固有内在价值，另一部分是期权特性产生的相应的期权价值。因此，页岩气开发项目的全部价值模型如下：

$$E(\text{NPV}_T) = E(\text{NPV}) + E(F) \tag{3-23}$$

其中，$E(\text{NPV}_T)$ 表示页岩气开发项目的全部价值；$E(\text{NPV})$ 表示页岩气开发项目的内在价值；$E(F)$ 表示页岩气开发项目投资的复合期权价值。

将式（3-15）和式（3-22）代入式（3-23）整理可得

$$E(\text{NPV}_T) = \frac{np_0 q_0}{r - \mu + \upsilon}\left[\frac{1}{e^{r(t_3 - t_1)}} + \frac{M(\zeta_1, h_1; \rho)}{e^{\delta(t_3 - t_1)}}\right] - \left[C(1)\left(\frac{1 - e^{-\gamma n_1}}{\gamma}\right) + n_1 \frac{1}{2}\gamma^2 K\right]$$

$$- \frac{[N(h_2) + 1]}{e^{r(t_2 - t_1)}}\left[C(1)\left(\frac{e^{-n_1\gamma} - e^{-n\gamma}}{\gamma}\right) + n_2 \frac{1}{2}\gamma^2 K\right] - \frac{I_3[1 + M(\zeta_2, h_2; \rho)]}{e^{r(t_3 - t_1)}}$$

$$\tag{3-24}$$

当 $E(\text{NPV}_T) > 0$ 时，表明页岩气开发项目投资可行，开发企业应该积极参与竞标；当 $E(\text{NPV}_T) \leq 0$ 时，表明页岩气开发项目应该放弃。页岩气开发项目的价值评估模型并没有完全摒弃传统的 NPV 方法，而是在原有的基础上将投资期权价值纳入决策范围。这样可以弥补 NPV 方法的不足，提供更多有用信息，使投资决策更加科学合理。

3.5　数值及算例分析

3.5.1　静态比较与数值分析

首先，本节基于技术学习建立页岩气项目投资成本模型，通过模型推导和简单的数值模拟分析技术学习对投资成本的影响。其次，基于技术学习对投资成本的影响分析，进一步分析技术学习对页岩气开发项目投资价值的影响。最后，分析技术学习对企业参与页岩气区块投标决策的影响。

1. 技术学习对投资成本的影响

在本书中，考虑技术学习效应的投资成本被划分为开发成本和技术学习成本，所以技术学习对投资成本的影响可分两部分进行讨论。

由式（3-3）和式（3-4）可得 $\dfrac{\partial(I_{11})}{\partial \gamma} = C(1)\left[\dfrac{(n_1 r + 1)e^{-\gamma n_1} - 1}{\gamma^2}\right] < 0$ 与 $\dfrac{\partial(I_{21})}{\partial \gamma} = C(1)$

$$\left[\frac{(nr+1)\mathrm{e}^{-\gamma n}-(n_1r+1)\mathrm{e}^{-\gamma n_1}}{\gamma^2}\right]<0 。$$

证明：根据参数的定义有 $C(1)>0$，$n_1>0$，$n>n_1>0$，$\gamma>0$，因此，只需证明 $\dfrac{(n_1r+1)}{\mathrm{e}^{\gamma n_1}}$ 与 1 的大小即可判断 $\dfrac{\partial(I_{11})}{\partial\gamma}$ 的正负。令 $f(\gamma)=(n_1r+1)-\mathrm{e}^{\gamma n_1}$，则有 $f'_{(\gamma)}=n_1(1-\mathrm{e}^{rn_1})<0$，可知 $f(\gamma)$ 是单调减函数。因为 $f(0)=1$，所以可得对于任意 $\gamma\in(0,\infty)$，都有 $(n_1r+1)<\mathrm{e}^{\gamma n_1}$，即 $\dfrac{(n_1r+1)}{\mathrm{e}^{\gamma n_1}}<1$，故 $\dfrac{\partial(I_{11})}{\partial\gamma}<0$。同理只需证明 $(nr+1)\mathrm{e}^{-\gamma n}$ 与 $(n_1r+1)\mathrm{e}^{-\gamma n_1}$ 的大小即可判断 $\dfrac{\partial(I_{21})}{\partial\gamma}$ 的正负。令 $f(x)=(x\gamma+1)\mathrm{e}^{-\gamma x}$，则有对任意 $x\in(0,\infty)$，有 $f'_{(x)}=(-rx^2)\mathrm{e}^{-\gamma x}<0$。因为 $n>n_1>0$，所以 $(nr+1)\mathrm{e}^{-\gamma n}<(n_1r+1)\mathrm{e}^{-\gamma n_1}$，故 $\dfrac{\partial(I_{21})}{\partial\gamma}<0$ 得证。

由 $\dfrac{\partial(I_{11})}{\partial\gamma}<0$ 和 $\dfrac{\partial(I_{21})}{\partial\gamma}<0$，易知 I_{11} 和 I_{21} 随 γ 是递减的。这表明在勘探评价和产能建设阶段技术学习强度越大，这两个阶段要付出的开发成本越小。

由式（3-6）易知：$\dfrac{\partial(I_{22})}{\partial\gamma}=n\gamma k>0$；$\dfrac{\partial(I_{12})}{\partial\gamma}=n_1\gamma k>0$。

由 $\dfrac{\partial(I_{12})}{\partial\gamma}>0$ 和 $\dfrac{\partial(I_{22})}{\partial\gamma}>0$ 可得：I_{12} 和 I_{22} 随 γ 是递增的。这表明在勘探评价和产能建设阶段技术学习强度越大，这两个阶段要付出的技术学习成本越大。

由上述分析可知，技术学习存在一个临界值 γ^*，当 $\gamma\in(0,\gamma^*)$ 时，$\dfrac{\partial I}{\partial\gamma}<0$。此时开发企业可以通过加强技术学习达到降低投资成本的目的，直到 $\gamma=\gamma^*$。当 $\gamma\in(\gamma^*,\infty)$ 时，$\dfrac{\partial I}{\partial\gamma}>0$。此时开发企业学习强度越大，投资成本越高。其中 γ^* 由下面方程关于 $\gamma>0$ 的解给出：

$$C(1)\left\{\left[\frac{(n_1r+1)\mathrm{e}^{-\gamma n_1}-1}{\gamma^2}\right]+\left[\frac{(nr+1)\mathrm{e}^{-\gamma n}-(n_1r+1)\mathrm{e}^{-\gamma n_1}}{\mathrm{e}^{r(t_2-t_1)}\gamma^2}\right]\right\}+\left(n_1\gamma K+\frac{n_2\gamma K}{\mathrm{e}^{r(t_2-t_1)}}\right)=0$$

$$(3-25)$$

式（3-25）没有解析解，只有数值解。下面通过一个简单的数值分析说明上述分析结果。根据某一页岩气招标区块公示信息，开发企业在勘探评价阶段需要钻勘探评价井 10 口，用时 3 年完成。如果勘探可行性评价通过，进入产能建设阶段还需要钻 100 口页岩气井，用时 10 年完成。根据当前技术水平可推断出第一口勘探评价井的综合成本约为 6000 万元。无风险折现率取自业内普遍认可的基准收益率 10%，则技术学习强度变动对投资成本的影响的模拟结果如图 3-6 所示。

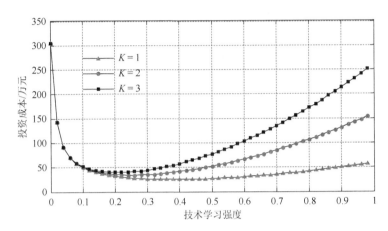

图 3-6　技术学习强度对投资成本的影响

图 3-6 说明随着技术学习强度的增大，投资成本先减后增。而且在技术学习强度没有达到临界水平之前，投资成本对技术学习强度在初始阶段（0～10%）内的变动尤为敏感，而当技术学习强度超过临界水平，投资成本对技术学习强度变动的敏感性降低。同时还能清晰地看出，在技术学习强度没有达到临界水平之前，投资成本对技术学习成本的变动并不敏感，而在技术学习强度超过临界水平之后，投资成本对技术学习成本变动敏感性明显增大。

2. 技术学习对页岩气开发项目投资价值的影响

由式（3-16）可得

$$\frac{\partial [E(\text{NPV})]}{\partial \gamma} = \frac{\partial [E(\text{NPV})]}{\partial I} \frac{\partial E(I)}{\partial \gamma} = -\left\{ C(1)\left[\frac{(n_1 r + 1)\mathrm{e}^{-\gamma n_1} - 1}{\gamma^2} \right] + n_1 \gamma K \right\}$$

$$- \mathrm{e}^{r(t_2 - t_1)}\left\{ C(1)\left[\frac{(nr + 1)\mathrm{e}^{-\gamma n} - (n_1 r + 1)\mathrm{e}^{-\gamma n_1}}{\gamma^2} \right] + n_2 \gamma K \right\}$$

$$（3\text{-}26）$$

由上述分析可知，式（3-26）的正负无法判断，可等价于对投资成本期望现值求偏导，项目内在价值与投资成本一样，存在一个技术学习强度临界值，同样可由式（3-26）关于 $\gamma > 0$ 的解给出。但是，技术学习对页岩气开发项目内在价值的影响正好与投资成本相反，即在技术学习强度没有达到临界水平之前，页岩气开发项目内在投资价值随技术学习强度的增加而增大。一旦技术学习强度超过临界水平，页岩气开发项目内在投资价值则随技术学习强度的增加而减小。

由式（3-17）可得

$$\frac{\partial F}{\partial \gamma} = \frac{\partial F}{\partial I_2}\frac{\partial I_2}{\partial \gamma} = -\frac{N(h_2)}{e^{r(t_2-t_1)}}\left\{C(1)\left[\frac{(nr+1)e^{-\gamma n}-(n_1 r+1)e^{-\gamma n_1}}{\gamma^2}\right]+n_2\gamma K\right\}$$

$$(3-27)$$

由上述分析，同样易知式（3-27）的正负无法判断，表明页岩气开发项目投资的灵活性价值与技术学习强度呈非线性关系。求页岩气开发项目灵活性价值方程关于技术学习强度的偏导数，可通过数学方法转化为对第二阶段投资成本的期望现值求偏导。因此，页岩气开发项目投资的灵活性价值也存在一个技术学习强度临界值，可由式（3-27）关于 $\gamma > 0$ 的解求得。但是，技术学习对页岩气开发项目投资的内在价值的影响正好与投资成本相反，即在技术学习强度没有达到临界水平之前，页岩气开发项目投资的灵活性战略价值随技术学习强度的增加而增大。一旦技术学习强度超过临界水平，页岩气开发项目投资灵活性价值同样随技术学习强度的增加而减小。

3. 技术学习对企业参与页岩气开发项目投标决策的影响

由（3-25）式可得

$$\frac{\partial[E(\mathrm{NPV_T})]}{\partial \gamma} = \frac{\partial[E(\mathrm{NPV_T})]}{\partial I_1}\frac{\partial I_1}{\partial \gamma} + \frac{\partial[E(\mathrm{NPV_T})]}{\partial I_2}\frac{\partial I_2}{\partial \gamma}$$

$$= -\left\{C(1)\left[\frac{(n_1 r+1)e^{-\gamma n_1}-1}{\gamma^2}\right]+n_1\gamma K\right\} - \frac{N(h_2)+1}{e^{r(t_2-t_1)}} \quad (3\text{-}28)$$

$$\times\left\{C(1)\left[\frac{(nr+1)e^{-\gamma n}-(n_1 r+1)e^{-\gamma n_1}}{\gamma^2}\right]+n_2\gamma K\right\}$$

基于上述分析可知，技术学习强度与页岩气开发项目的投资价值呈非线性关系。技术学习对页岩气开发项目投资价值的影响需要分情况讨论。令式（3-28）等于零并对 γ 求解，取大于零的解可得技术学习强度临界值。若企业的技术学习强度小于临界值，则会增大页岩气开发项目的投资价值。相反，若企业的技术学习强度大于临界值，技术学习会降低页岩气开发项目的投资价值。这表明当企业考虑技术学习效应时，并不一定会增加页岩气区块的投资价值，从而不一定会增大参与投标的可能性。这是因为技术学习效应降低投资成本的部分并不能弥补技术学习成本的投入。只有在技术学习强度维持在临界水平以下，才会增大参与投标的可能性。而且，在这种情况下加强技术学习直到技术学习强度达到临界水平之前，还将进一步增大企业参与页岩气区块投标的积极性。

3.5.2　应用算例

　　某开发企业拟在四川盆地投资新建一个页岩气开发项目，工程用地为无居民山地，依靠国家页岩气产业政策，申请无偿获取经营，项目的资金来源除自由资金外，剩余部分以融资方式解决。获得探矿权的企业需要对该页岩气区块进行资源勘探评价，以便获取页岩气可采储量、资源品位及区位分布等有价值的信息以判断该项目是否可行。根据此页岩气区块招标公示信息和中标条款信息，开发企业在勘探评价阶段需要钻勘探评价井 10 口，用时 3 年完成。如果勘探可行性评价通过，进入产能建设阶段还需要钻 100 口页岩气井，用时 10 年完成，根据当前技术水平可推断出第一口勘探评价井的综合成本约为 6000 万元。基于 Weiss 等（2010）对能源需求技术的经验曲线综合分析结果得出平均学习率为18%±9%，参考这一结果并考虑不同阶段技术学习率的变化，在勘探评价阶段将技术学习率设定为 10%，产能建设阶段设定为 5%。无风险收益率取自业内普遍认可的基准收益率 12%。产气量递减率初始采气量来自涪陵页岩气田调研信息推断，取 10%，初始采气量数据同样来自涪陵页岩气田调研信息推断，取每口页岩气井第一年的采气量均值 300 万立方米。页岩气的需求期望增长率取近 30年我国天然气消费增长率均值，设为 3%。同时，不妨设技术学习成本参数为 100，技术可开采年限足够大。

　　由以上页岩气开发项目数据信息计算可得运营阶段预计的现金流入量在 t_3 时刻的现值 $V = 169\,230$，以及此项目在勘探评价阶段和产能建设阶段的投资成本 I_1 和 I_2 在当前时刻，也就是在 $t_1 = 0$ 时刻的期望现值分别为

$$E(I_1) = 6000 \times \frac{1 - \mathrm{e}^{-10 \times 10\%}}{10\%} + \frac{10}{2}(10\%)^2 \times 100 = 37\,932 \quad （万元）$$

$$E(I_2) = 6000 \times \frac{\mathrm{e}^{-10 \times 5\%} - \mathrm{e}^{-100 \times 5\%}}{5\%} + \frac{100}{2}(5\%)^2 \times 100 = 71\,988 \quad （万元）$$

$$E(I) = 37\,932 + 71\,988 + 5000 = 114\,920 \quad （万元）$$

$$E(V) = V\mathrm{e}^{-10 \times 12\%} = \frac{110 \times 2 \times 30\mathrm{e}^{-10 \times 12\%}}{0.12 - 0.03 + 0.1} = 104\,630 \quad （万元）$$

　　通过上述信息，此页岩气开发项目各阶段投资情况如图 3-7 所示。

　　勘探评价阶段需要投入 37 932 万元，在这一阶段完成后就获得了下一阶段投资的期权，可以选择投资 71 988 万元进入页岩气开发项目产能建设阶段。如果这个期权被交割，就获得第二个期权，可以选择投资 5000 万元进入采气运营阶段。如果利用传统的 NPV 法进行评价，评价结果如下：

$$E(\mathrm{NPV}) = E(V) - E(I) = 104\,630 - 114\,920 = -10\,290 \quad （万元）$$

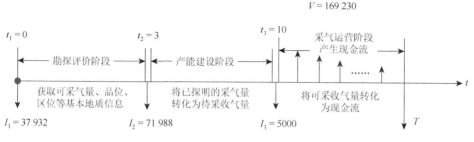

图 3-7　页岩气开发项目各阶段投资情况

从经济性角度，按照 NPV 方法的评定法则，NPV 小于零，应放弃投资这个页岩气开发项目。若便利收益率设定为业界认同的 8%，使用 MATLAB 建立上述页岩气开发项目的三阶段投资蕴含两个期权定价模型，给出此页岩气开发项目多期投资管理的灵活性战略价值评价结果如下：

$$E(F) = 169\,230\mathrm{e}^{-10\times8\%} \times 0.866 - 5000\mathrm{e}^{-10\times12\%} \times 0.799$$

$$- 71988\mathrm{e}^{-3\times12\%} \times 0.808 = 83\,740\,（万元）$$

基于本书提出的页岩气开发项目投资评价模型，此页岩气开发项目总价值为

$$E(\mathrm{NPV_T}) = E(\mathrm{NPV}) + E(F) = -10\,290 + 83\,740 = 73\,450\,（万元）$$

评价结果明显，基于复合期权改进的 NPV 评价模型评价结果大于零，因此，该页岩气开发项目进行投资是可行的。

由算例分析可知，对于页岩气开发投资项目，利用两种不同的评价方法得出的评价结果完全不同。按照传统的 NPV 法进行评估，因忽略了页岩气开发项目投资多阶段性具有复合期权价值而低估了项目管理的灵活性价值，从而会导致开发企业失去一次有利的投资机会。基于复合期权改进的 NPV 评价方法能识别被传统 NPV 评价模型忽略的那部分价值，在它的指导下就不会失去那些 NPV 为零或负的投资机会。实际上，基于复合期权改进的 NPV 评价方法和 NPV 方法所计算出的项目价值差值正是之前所分析的项目不确定性和灵活性所带来的。因此，基于复合实物期权改进的 NPV 评价方法能够识别更多页岩气开发项目投资机会。

3.6　本 章 小 结

本章探讨了开发企业如何准确评价页岩气开发项目投资价值以判断其投资的可行性问题。首先，根据页岩气项目开发过程中的实际特点，识别影响投资成本的技术学习、影响资源价值的产量特征，以及多阶段投资管理的复合期权特征；其次，基于这些特征分别评估了页岩气开发项目的内在价值（项目区块内可采资

源价值与投资成本差值）和多阶段投资的复合期权价值；最后，建立了页岩气开发项目价值评价模型，并运用数值分析方法探讨了技术学习对页岩气开发项目价值评估结果的影响，以及运用算例分析方法揭示了多阶段投资的管理柔性价值对评价结果的影响。

研究发现：①忽略技术学习可能会高估开发成本，降低页岩气开发项目投资的可行性。②由于技术学习成本的存在，技术学习强度增加并不一定会增大页岩气开发项目的投资价值。③开发企业开展适度的技术学习并考虑投资管理的柔性价值，将会增大页岩气开发项目的投资价值，识别更多页岩气开发项目投资机会。

管理启示：①不考虑页岩气开发过程中的技术学习效应，可能会使具备页岩气开发能力的企业因高估投资成本而低估页岩气开发项目的投资价值，从而做出放弃投资的错误决策。②即使考虑技术学习效应，具备页岩气开发能力的企业也不能忽略技术学习成本的投入而高估页岩气开发项目的投资价值，导致过于乐观而做出盲目投资的误导性决策。③不考虑多阶段投资的管理柔性价值，一定会低估页岩气开发项目的投资价值而做出有偏差的决策。

第4章 页岩气开发项目投资时机选择研究

本书的第 3 章探讨了页岩气开发项目投资价值评价问题，为开发企业提供了是否参与页岩气项目区块竞标的判断方法。当企业竞标成功并获得可勘探开发的页岩气区块后，相当于该企业持有一个开发当前页岩气项目区块的期权，也就是说该企业具有开发中标页岩气区块的权利而不是义务。此时，开发企业面临着投资的时机选择问题。本章基于现实环境的不确定性和管理柔性会对投资决策产生不可忽视的影响，并考虑决定页岩气开发项目收益的产量特征对投资收益的影响，开展采气运营阶段可暂停页岩气开发项目投资时机选择问题的研究，试图为开发企业提供投资时点选择的理论支持。

4.1 引　　言

常规化石能源储量日趋减少，可再生能源因受技术、地域、成本等因素制约而无法满足日益增长的能源需求，开发利用以页岩气为代表的非常规能源成为全球能源发展的新视角。页岩气是世界公认的三大非常规天然气之一，是一种清洁、低碳、高效的非常规天然气资源。水平钻井和水力压裂技术的成功应用和推广，使获取页岩层中储量可观的页岩气资源在技术和经济上变得可行。美国"页岩气革命"取得的巨大成功彻底颠覆了"非常规油气资源只是常规化石能源的补充"这一传统认识，引发了全球投资开发页岩气的热潮。国内天然气供需矛盾日益突出，对外依存度逐渐攀升，投资开发储量丰富、开发潜力巨大的页岩气资源是缓解天然气供应压力、优化能源结构及促进经济增长的有效途径。表面上看，页岩气开发投资的政策环境、需求前景及预期收益良好，但是页岩气开发伴随的高投入和高风险仍然需要投资者审慎地选择投资时机。

我国页岩气开发现状反映出页岩气中标企业面临投资时机选择问题。从 2004 年国土资源部油气资源战略研究中心与中国地质大学跟踪调研我国页岩气资源状况开始，至今已组织了两次页岩气区块招标。2011 年 6 月，国土资源部进行了首轮页岩气探矿权招标，共推出 4 个区块，主要位于贵州、重庆等省（市），总面积约为 11000 平方公里。2012 年 9 月，国土资源部面向社会各类投资主体进行了第二轮页岩气探矿权招标，本次共有 19 个招标区块供选择，总面积为 20002 平方公里，分布在重庆、贵州、湖北、湖南、江西、浙江、安徽、河南 8 省（市）。

按照中标合同，各中标企业应在取得勘查许可证半年内启动勘查施工活动。2013年6月和2014年1月，国土资源部、国家发改委、国家能源局及贵州省等组织了几次开发进展汇报会，发现仅有少数企业的勘探工作取得了实质性的进展，多数拥有页岩气资源的企业圈而不探、圈而不采。

国内外还鲜有涉及有关页岩气资源开发投资时机决策方面的研究。虽然已有学者开始初步探讨了页岩气开发项目价值评价的问题，但有关页岩气的研究，国外还主要集中在探讨页岩气开发对国家能源安全、社会经济及生态环境的影响。国内还处于对页岩气资源相关知识普及，以及对国外开发现状和规制政策进行引介性研究阶段，大部分研究还集中在探讨我国页岩气资源开发利用的必要性和技术可行性。页岩气"高技术、高投入、高风险"的开发特点决定了页岩气开发项目具有更高的投资风险，需要科学的投资策略予以支持。在投资决策方法上，以DCF为代表的传统投资理论因没能充分认识到投资的不确定性，无法满足投资的柔性策略及不能准确评价项目价值而逐渐被众多学者所摒弃。针对传统投资决策理论的弊端，Myers和Turnbull（1977）率先将金融期权定价理论引入实物投资领域，提出了实物期权概念，并指出实物期权理论是研究不确定条件下企业不可逆性投资决策的有效方法。此后，许多学者对期权定价方法在实物投资领域的运用进行了系统研究，实物期权理论逐步被完善和发展，到20世纪90年代，已经形成以Dixit和Pindyck（1994）为代表的不确定条件下不可逆性投资基本分析框架，被广泛应用于众多实物投资领域。之后，学者的研究奠定了运用实物期权方法评价自然资源价值和分析投资决策的基础。现阶段，根据不确定性因素类型将多个随机过程纳入实物期权模型的分析框架已成为探究自然资源开发项目价值及投资决策问题的主要方向。

上述研究往往更加关注不确定性因素的识别与描述，大多致力于运用投资的灵活性去评价自然资源开发项目价值，从而为投资者提供更为准确的决策准则。然而，自然资源开发项目本身所具有的特征对其价值和投资决策的影响常常被忽略。对于传统的生产制造业而言，众多学者往往假定企业单位时间内的产量为常量，这是比较符合实际情况的。对于油气开发行业而言，即使规划了特定产能规模，但是由于产气量递减率的存在，此时依然假定既定产能下单位时间内产量为常量显然是不合适的。虽然油气开发行业产量递减性特征早已被业界所熟知，也是工业项目可行性研究的必要内容，但是现有关于油气开发项目投资决策方面的研究却很少考虑，探讨油气开发项目产量特征对投资价值和投资时机的影响更是鲜有涉及。因此，依据现有理论模型测算页岩气开发项目的投资时机可能导致研究结果与现实情况存在较大出入。

同时，张国兴等（2008）认为对于许多项目而言，投资者普遍拥有在利润流为负数时暂停生产、在利润流为正数时重启生产的"暂停期权"。暂停期权是指当经营过程中项目的利润流为负数时可以暂时停止项目生产,当利润流为正数时可以以一定成本或无成本重启生产的一种实物期权。在页岩气开发项目的采气运营阶段,开发企业均拥有暂停期权,即有权在页岩气价格低于边际采气运营成本时暂停采气,直到页岩气价格高于边际采气运营成本时再恢复生产。涪陵页岩气田实地调研发现,当产能建设完成后,这种暂停需要支付暂停或重新开始的任何一次性成本可忽略不计。遗憾的是,目前在油气开发项目投资领域,考虑暂停期权的文献非常少见。

综上所述,我国页岩气开发投资的现实情况反映出拥有页岩气开发项目的企业面临投资时机决策问题,然而现有研究成果要么忽略了项目特征对投资价值的影响,要么没能考虑在项目运营中投资者拥有的暂停期权。因此,针对采气运营阶段可暂停采气的页岩气开发项目投资价值评价及投资时机测算有待进一步深入研究。

本书通过实地调研及对相关文献研究,基于页岩气开发项目运营阶段可暂停采气的现实情况,把业界所熟知而相关研究常忽略的油气资源开发项目产量特征引入实物期权分析框架,对页岩气开发项目投资时机进行了研究。本章的研究内容安排见图 4-1。

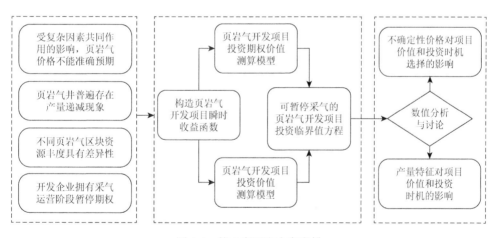

图 4-1　第 4 章研究内容安排

首先,依据调研信息和已有文献,描述页岩气开发项目的产量及投资的期权特征,并通过构建项目瞬时收益函数揭示出这些特征对页岩气开发项目投资收益的影响。其次,借鉴陈建华等(2009)的建模思想,并在其所给出的瞬时收益函数中引入能够表示瞬时产量的初始采气率和产气量递减率变量,构建可暂停采气的页岩气开发项目期权价值和投资价值测算模型,模型推导给出可暂停采气的页岩气开发项目投资临界值方程。最后,根据实地专家访谈信息和美国页岩气开发相关研究文献，合理设定模型参数，通过数值分析揭示不确定性价格和产量特征对页岩气开发项目价值和投资时机选择的影响，并给出相应的管理启示或建议。

4.2　现实问题描述与基本假设

4.2.1　页岩气开发项目的产量特征及描述

页岩气主要以吸附态或游离态赋存于页岩储层中，与常规天然气相比，通常具有埋藏深、自生自储、储层低孔低渗、区域性连续性分布、气藏压力异常、产能及采收率低、生产周期长等特点。页岩气藏独特的地质特征与成藏机理决定了页岩气藏自然产能低或无自然产能。通过整理美国 Eagle Ford、Fayetteville、Haynesville、Marcellus 和 Woodford 页岩气气田的主要储层特征和开采数据，给出了美国这些页岩气田单井产量典型递减曲线，如图 4-2 所示。

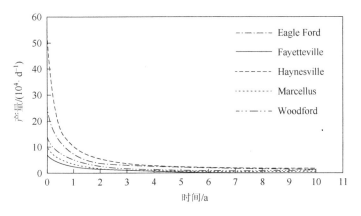

图 4-2　美国主要页岩气田单井产量典型递减曲线

从图 4-2 可以发现，美国主要页岩气田单井产量曲线呈典型的指数递减曲线。这表明此时假定单位时间内的产量为常量是不合适的。第 3 章的研究和对美国与欧洲多个页岩气区块的实证研究也都表明单口页岩气井产量具有一定的递减率，并给出了单口页岩气井产量模型：

$$q(t) = q_0(1-\upsilon)^t \tag{4-1}$$

其中，υ 表示页岩气单井年产气量递减率，$0 \leqslant \upsilon < 1$，表示由于地质、技术条件等

因素所导致的产量递减性；$q(t)$ 表示页岩气井在第 t 年的采气率，其中 $0 \leqslant t \leqslant T$，$T$ 表示页岩气资源开采年限；q_0 表示页岩气井的初始产气率。

根据 Weijermars（2015）给出的页岩气井产量模型，采用极限转换方法给出了本章单口页岩气井产量模型：

$$q(t) = \lim_{m \to \infty} q_0 \left(1 - \frac{\upsilon}{m} \right)^{mt} = q_0 \mathrm{e}^{-rt} \qquad (4\text{-}2)$$

由式（4-2）可知，转换后的单井产量模型与油气行业指数递减典型曲线模型相吻合，具有合理性。同时可知，在任意 t 时刻单口页岩气井的瞬时产量大小由初始采气率和产气量递减率决定。然而，Valko（2009）通过对美国 Barnett 地区 7000 多口页岩气井产量进行实证研究，发现由地质条件等因素导致同一地区不同页岩气区块存在资源丰度差异（资源丰度又称资源丰饶度，指各类资源的富集和丰富程度，为资源的自然属性）。在优质的页岩气区块上，EUR 可达到 2.1bcf/well，而在劣质的页岩气区块上，EUR 仅为 0.59bcf/well。这是因为优质页岩气区块资源丰度等级较高，从而具有较大的初始采气率，而劣质页岩气区块资源丰度等级较低，从而具有较小的初始采气率。从式（4-2）的单口页岩气井产量模型来看，初始采气率 q_0 的大小可以表征页岩气区块的资源丰度差异。

4.2.2　期权特征及描述

有学者认为，在矿业项目运营期内，不需再遵循固定的生产经营与管理模式，而应进行柔性管理，增强企业适应市场经济的能力。页岩气开发项目投资的期权特征主要体现在投资管理的灵活性上。学者认为石油开发投资决策最主要的特点是开发投资的可延迟性，其最主要的期权形式是延迟期权。根据金融期权理论，在初始投资阶段，开发企业拥有一个投资的权利而不是义务，即开发企业拥有一个等待投资的期权，直到当某个时刻满足投资条件时才执行该期权，否则一直处于等待状态。对于页岩气开发而言，页岩气价格及采气运营成本是影响页岩气开发项目持续经营的两个关键因素。因此，本研究不仅考虑了页岩气开发项目初始投资阶段的灵活性，还考虑了采气运营阶段投资的灵活性，并将这种灵活性描述为如式（4-3）和式（4-4）所示。

页岩气开发项目初始投资阶段的灵活性：

$$\begin{cases} p(t) \geqslant p^* & \text{投资} \\ p(t) < p^* & \text{等待} \end{cases} \qquad (4\text{-}3)$$

式（4-3）表明，当页岩气的价格水平达到或超过投资临界值水平时，开发企业立即投资，否则开发企业持观望态度，其中，$p(t)$ 表示 t 时刻页岩气价格，p^* 表示触发开发企业投资的价格水平。

页岩气开发项目采气运营阶段投资的灵活性：

$$\begin{cases} p(t) \geqslant c & \text{运营} \\ p(t) < c & \text{暂停} \end{cases} \quad (4-4)$$

式（4-4）表明，当页岩气的价格水平达到采气运营的边际成本时，开发企业立即运营，否则开发企业持观望态度，其中，c 表示采气运营的边际成本。

结合式（4-3）和式（4-4），可暂停采气的页岩气开发项目的期权特征可简单描述开发企业投资决策过程，如图4-3所示。

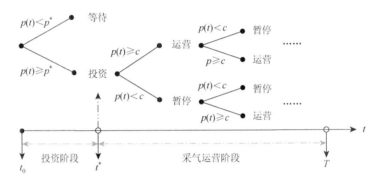

图4-3　页岩气开发项目投资决策过程

如图 4-3 所示，在初始投资阶段，开发企业可以根据投资临界值来选择是立即投资还是继续等待；在采气运营阶段，开发企业可以根据边际开采成本的大小来选择是否运营。其中，t_0 表示初始时刻，t^* 表示投资时刻，T 表示页岩气井技术可开采年限。

不确定性环境是众多项目投资面临的一个显著特征，也是投资决策的难点所在。页岩气开发项目投资同样面临诸多不确定性，如市场需求的不确定性导致页岩气井口价格的波动、开发技术的不确定性导致生产成本的波动，以及政策的不确定性导致投入成本的不确定等。本章旨在探讨页岩气产量特征对可暂停采气的页岩气开发项目投资价值和时机的影响，因此，本章所建模型只考虑页岩气井口价格的不确定性。假定 t 时刻页岩气井口价格为 $p(t)$，服从几何布朗运动：

$$dp(t) = \mu p(t)dt + \sigma p(t)dt \quad (4-5)$$

其中，μ 表示期望增长率，；σ 表示瞬时波动率；dt 表示标准维纳过程增量。此外，假定投资开发企业风险中性，初始投入成本为 I，边际生产成本恒为 c。同时假定当价格下降到低于边际开采成本时，开发企业可以无成本地暂停或放弃页岩气开发；当价格上升到大于边际开采成本时，开发企业可以无成本地重新继续开采。并假设开发企业规划钻井数量为 n，且为了方便模型推导，令 $n = 1$。则在任意时刻 t，企业投资开发页岩气资源所获得的利润流 π 为

$$\pi(p) = \max\{[p(t) - c]q(t)\} \tag{4-6}$$

McDonald 和 Siegael（1987）证明了如果价格服从几何布朗运动，拥有无限多个暂停期权的项目可被作为欧式看涨期权的一个无限集合来定价。具体来说，即令项目所有者拥有一个包含无限多个期权的集合，在每个时刻 t，如果期权被执行，则获得当时价格 $p(t)$，通过估价每一个期权，并对其积分即得到项目的价值。在此基础上，Dixit 和 Pindyck（1994）将项目看作依赖于简单的或有债权，并对其进行估价。基于模型的可操作性方面考虑，本书采用 Dixit 和 Pindyck 暂停期权定价方法。

4.3　基于暂停期权的页岩气开发项目投资时机决策模型

在页岩气开发项目投资决策中，开发企业持有在未来投资页岩气开发项目的期权，在此期间不产生现金流量，项目一旦投资，就需要支付投资成本。因此根据实物期权理论，页岩气开发项目投资的价值函数 $\mathscr{R}(p)$ 可表示为

$$\mathscr{R}(p) = \max_{t \geqslant 0, T < 0} E\left\{ e^{-rt} \int_{\tau=t}^{T+t} e^{-rt} \left[p(\tau) - c \right] q(\tau) d\tau - I_t \right\} \tag{4-7}$$

其中，E 表示投资后收益的期望值；r 表示无风险贴现率；t 表示开发企业开始投资的时刻。

根据式（4-2）和式（4-5），有

$$E\left\{ \int_{\tau=t}^{T+t} e^{-rt} \left[p(\tau) - c \right] q(\tau) d\tau \right\} = \frac{p(t)q_0}{r - u + \upsilon}\left[1 - \frac{1}{e^{(r-u+\upsilon)T}} \right] - \frac{cq_0}{r + \upsilon}\left[1 - \frac{1}{e^{(r+\upsilon)T}} \right]$$

$$\tag{4-8}$$

其中，$r > 0$ 表示无风险贴现率；μ 表示页岩气井口价格的期望增长率，且满足 $r > \mu$，否则开发企业将永远等待而不投资。

将式（4-8）代入式（4-7）整理可得

$$\mathscr{R}(p) = \max_{t \geq 0, T < 0} E \left\{ \frac{p(t)q_0}{r - u + \upsilon} \left[1 - \frac{1}{\mathrm{e}^{(r-u+\upsilon)T}} \right] - \frac{cq_0}{r+\upsilon} \left[1 - \frac{1}{\mathrm{e}^{(r+\upsilon)T}} \right] - I_t \right\} \mathrm{e}^{-rt}$$

（4-9）

对页岩气开发企业而言，存在某个投资的价格临界值 p^*，当 $p < p^*$ 时，开发企业选择等待，当 $p \geq p^*$ 时，开发企业将选择立即投资开发。完成初始投资进入采气运营阶段后，当 $p < c$ 时，开发企业可以选择暂停采气，当 $p \geq c$ 时开发企业可以重启生产。

4.3.1 页岩气开发项目投资的期权价值测算

实物期权理论比传统的投资理论更能准确地评价项目的价值，很大程度上是因为它考虑了投资的机会价值。当 $p(t) < p^*$ 时，开发企业不投资，利润流为零，但是仍然持有下一阶段是否进行投资的选择权，这种选择权即期权是有价值的。设定页岩气开发项目的期权价值为 $F(p)$，根据最优停时理论，继续等待区域的 Bellman 方程为

$$rF(p) = E[\mathrm{d}F(p)]$$

（4-10）

上式说明，在时间段 $\mathrm{d}t$ 内，投资机会的预期总回报 $rF(p)$ 等于其资本的预期增值率 $E[\mathrm{d}F(p)]$。根据伊藤引理可得

$$\mathrm{d}F(p) = F'(p)\mathrm{d}p + \frac{1}{2}F''(p)\mathrm{d}p^2$$

（4-11）

将式（4-5）代入式（4-11）并结合式（4-10），可得页岩气区块开发的期权价值 $F(p)$ 满足微分方程（4-12）：

$$\frac{1}{2}\sigma^2 p^2 F''(p) + rpF'(p) - rF(p) = 0$$

（4-12）

其中，$\delta = (r - \mu) > 0$ 表示投资者推迟投资而保持投资期权有活力的机会成本。该微分方程具有如下形式的通解：

$$F(p) = N_1 p^{\beta_1} + N_2 p^{\beta_2}$$

（4-13）

其中，N_1 和 N_2 表示系数；$\beta_1 > 1$，$\beta_2 < 0$ 为式（4-14）的两个根。

$$\frac{1}{2}\sigma^2 \beta(\beta - 1) + r\beta - r = 0$$

（4-14）

通过上述推导，企业的页岩气开发项目投资时机与钻井数量选择问题可表述为式（4-15）所示的随机最优停时问题：

$$\begin{cases} \beta_1 = \dfrac{1}{2} - \dfrac{r-\sigma}{\sigma^2} + \sqrt{\left(\dfrac{r-\sigma}{\sigma^2} - \dfrac{1}{2}\right)^2 + \dfrac{2r}{\sigma^2}} \\ \beta_2 = \dfrac{1}{2} - \dfrac{r-\sigma}{\sigma^2} - \sqrt{\left(\dfrac{r-\sigma}{\sigma^2} - \dfrac{1}{2}\right)^2 + \dfrac{2r}{\sigma^2}} \end{cases} \tag{4-15}$$

其中，$\beta_1 > 1$，$\beta_2 < 0$。

根据 Dixit 和 Pindyck 的论述，当 p 趋于零时，其上升到投资临界值的可能性也几乎为零，而此时期权价值应该为零，即 $\lim\limits_{p\to 0} F(p) = 0$。由于 $\beta_2 < 0$，为了确保这一点，必须有 $N_2 = 0$。从而可得页岩气区块的投资期权价值为

$$F(p) = N_1 p^{\beta_1} \tag{4-16}$$

其中，N_1 表示待定系数；β_1 表示已知常数，其数值取决于式（4-15）中的参数 r、σ 和 δ。

4.3.2　页岩气开发项目投资价值测算

对于页岩气开发企业而言，当 $p > p*$ 时，会选择立即投资，投资所获得的利润流为 $\pi(p) = \max[(p(t)-c)q(t), 0]$。设定页岩气开发项目值即投资价值为 $V(p)$，根据最优停时理论，继续等待区域的 Bellman 方程为

$$rV(p)\mathrm{d}t = E[\mathrm{d}V(p) + \pi(p)] \tag{4-17}$$

式（4-17）说明，在时间段 $\mathrm{d}t$，页岩气开发项目的投资预期总回报 $rV(p)\mathrm{d}t$ 等于其资本的期望增值率 $E[\mathrm{d}v(p) + \pi(p)]$。根据伊藤引理可得

$$\frac{1}{2}\sigma^2 p^2 V''(p) + rpV'(p) - rV(p) + \pi(p) = 0 \tag{4-18}$$

根据研究假设，当 $p < c$ 时，开发企业可以无成本地暂停生产而不必再支付运营成本 c，但也不会产生利润流，即 $\pi(p) = 0$。此时，式（4-18）有如下形式的通解：

$$V(p) = M_1 p^{\beta_1} + M_2 p^{\beta_2} \tag{4-19}$$

当 $p \geq c$ 时，开发企业可以无成本恢复生产且需要支付运营成本 c，产生的利润流为 $\pi(p) = (p(t)-c)q(t)$。此时，式（4-19）具有如下形式的通解：

$$V(p) = B_1 p^{\beta_1} + B_2 p^{\beta_2} + \frac{p(t)q_0}{r-u+\upsilon}\left[1 - \frac{1}{\mathrm{e}^{(r-u+\upsilon)T}}\right] - \frac{cq_0}{r+\upsilon}\left[1 - \frac{1}{\mathrm{e}^{(r+\upsilon)T}}\right] - I_t \tag{4-20}$$

根据 Dixit 和 Pindyck 的研究可知，在 $p < c$ 的情况下，当 p 的取值趋近于零时，若要使 $\lim\limits_{p\to 0} V(p) = 0$，则式（4-19）中常系数 M_2 这一项应当为零，即 $M_2 = 0$。

在 $p \geqslant c$ 的情况下，当 p 非常大时，推迟期权将不被执行，其价值为零，若要使 $\lim\limits_{p \to \infty} V(p) = 0$，则式（4-19）中常系数 M_1 这一项应当为零，即 $M_1 = 0$。因此，页岩气开发项目的投资价值可分两种情况进行描述。

当 $p < c$ 时有

$$V(p) = M_1 p^{\beta_1} \tag{4-21}$$

当 $p \geqslant c$ 时有

$$V(p) = B_2 p^{\beta_2} + \frac{pq_0}{r-u+\upsilon}\left[1 - \frac{1}{e^{(r-u+\upsilon)T}}\right] - \frac{cq_0}{r+\upsilon}\left[1 - \frac{1}{e^{(r+\upsilon)T}}\right] \tag{4-22}$$

根据 Karatzas 和 Shreve（2012）的研究，$V(p)$ 在 $p = c$ 处连续可微，而且在点 c 有相同的解和导数。从而有

$$M_1 c^{\beta_1} = B_2 p^{\beta_2} + \frac{pq_0}{r-u+\upsilon}\left[1 - \frac{1}{e^{(r-u+\upsilon)T}}\right] - \frac{cq_0}{r+\upsilon}\left[1 - \frac{1}{e^{(r+\upsilon)T}}\right] \tag{4-23}$$

$$\beta_1 M_1 c^{\beta_1-1} = \beta_2 B_2 c^{\beta_2-1} + \frac{q_0}{r-u+\upsilon}\left[1 - \frac{1}{e^{(r-u+\upsilon)T}}\right] \tag{4-24}$$

式（4-23）和式（4-24）联立方程并求解可得

$$M_1 = \frac{q_0 c^{1-\beta_1}}{\beta_1 - \beta_2}\left\{\frac{\beta_2}{r+\upsilon}\left[1 - \frac{1}{e^{(r+\upsilon)T}}\right] - \frac{\beta_2 - 1}{r-u+\upsilon}\left[1 - \frac{1}{e^{(r-\mu+\upsilon)T}}\right]\right\} \tag{4-25}$$

$$B_2 = \frac{q_0 c^{1-\beta_2}}{\beta_1 - \beta_2}\left\{\frac{\beta_1}{r+\upsilon}\left[1 - \frac{1}{e^{(r+\upsilon)T}}\right] - \frac{\beta_1 - 1}{r-u+\upsilon}\left[1 - \frac{1}{e^{(r-\mu+\upsilon)T}}\right]\right\} \tag{4-26}$$

其中，关于 M_1 的项是来自未来恢复开采页岩气的期权所带来的价值；而关于 B_2 的项是未来推迟开采页岩气的期权价值，因此有 $M_1 > 0$，$B_2 > 0$。

4.3.3 可暂停采气的页岩气开发项目的投资时机决策

根据标准实物期权分析方法，由页岩气区块的投资价值 $V(p)$ 和期权价值 $F(p)$，可以推导出投资临界值方程，其解即为对应的最佳投资时机。当 $p < c$ 时，页岩气项目的投资期权不会被执行，从而也不产生初始投资成本 I_t。因此，$F(p) = N_1 p^{\beta_1}$ 不满足 $V(p) - I_t$ 的价值匹配和平滑粘贴条件。所以，当 $p \geqslant c$ 时，页岩气项目被投资开发，期权被执行。此时页岩气区块的期权价值 $F(p) = N_1 p^{\beta_1}$ 满足 $V(p) - I_t$ 的价值匹配和平滑粘贴条件，从而有

$$\begin{aligned} N_1 (p^*)^{\beta_1} = B_2 (p^*)^{\beta_2} + \frac{p^* q_0}{r-u+\upsilon}\left[1 - \frac{1}{e^{(r-u+\upsilon)T}}\right] \\ - \frac{cq_0}{r+\upsilon}\left[1 - \frac{1}{e^{(r+\upsilon)T}}\right] - I_t \end{aligned} \tag{4-27}$$

$$\beta_1 N_1 (p^*)^{\beta_1-1} = \beta_2 B_2 (p^*)^{\beta_2-1} + \frac{q_0}{r-u+\upsilon}\left[1 - \frac{1}{e^{(r-u+\upsilon)T}}\right] \tag{4-28}$$

联立式（4-27）和式（4-28）并求解，得可暂停采气的页岩气开发项目投资临界值 p^* 的方程为

$$(\beta_1 - \beta_2) B_2 (p^*)^{\beta_2} + \frac{p^* q_0}{r-u+\upsilon}\left[1 - \frac{1}{e^{(r-u+\upsilon)T}}\right] - \beta_1 \left\{ \frac{c q_0}{r+\upsilon}\left[1 - \frac{1}{e^{(r+\upsilon)T}}\right] + I_t \right\} = 0$$
$$\tag{4-29}$$

式（4-29）没有解析解，只有数值解。其中，p^* 表示投资临界值，对应着页岩气开发项目最佳开发投资时机。在完全竞争市场，对理性开发企业而言，当 $p \geqslant p^*$ 时，会选择立即投资开发；当 $p < p^*$ 时，将处于观望状态。

由以上分析可知 $\delta > 0$ 且 $\upsilon > 0$，若假定开采年限 T 足够大，则价值匹配和平滑粘贴条件可简化为

$$N_1 (p^*)^{\beta_1} = B_2 (p^*)^{\beta_2} + \frac{p^* q_0}{r-u+\upsilon} - \frac{c q_0}{r+\upsilon} \tag{4-30}$$

$$\beta_1 N_1 (p^*)^{\beta_1-1} = \beta_2 B_2 (p^*)^{\beta_2-1} + \frac{q_0}{r-u+\upsilon} \tag{4-31}$$

同理，页岩资源区块开发投资的临界值 p^* 的方程可简化为

$$(\beta_1 - \beta_2) B_2 (p^*)^{\beta_2} + \frac{p^* q_0}{r-u+\upsilon} - \beta_1 \left(\frac{c q_0}{r+\upsilon} + I_t \right) = 0 \tag{4-32}$$

基于式（4-32）的模型推导结果，可得如下命题。

命题 4-1：满足前提假设，页岩气开发企业同时考虑投资阶段和采气运营阶段的管理柔性，则开发企业应选择当页岩气价格 p 满足式（4-31）时进行投资。

4.4　数值分析与讨论

本节首先探讨了页岩气价格的不确定性对项目价值和开发投资时机的影响；其次探讨了产量递减性对项目价值和开发投资时机的影响；最后探讨了资源丰度差异性对项目价值和开发投资时机的影响。假定开发企业面临的相关参数如表 4-1 所示。

表 4-1　页岩气区块的基本参数设定及产量数据

参数	符号	数值	单位
无风险贴现率	r	0.04	%/年
便利收益率	δ	0.04	%/年
价格波动率	σ	0.00/0.20/0.40	%/年
初始投入成本	I	100	万元

参数	符号	数值	单位
边际开采成本	c	10	万元
单井初始采气率	q_0	0.30/0.50/1.00	十亿立方英尺[*]/年
单井产气量递减率	υ	0.00/0.15/0.50	%/年

资料来源：参数及部分数据来源于 Dixit 和 Pindyck（1994）、Weijermars（2013）

* 1立方英尺≈0.028m³

　　根据给出的参数数据，采用数值分析方法探讨不确定性价格和产量特征对页岩气区块开发投资时机的影响。

4.4.1　页岩气价格的不确定性对项目价值和开发投资时机的影响

　　不确定性环境是页岩气开发项目投资时机决策必须面临的现实情境，本章旨在探讨产量特征视角下的投资时机选择问题，因此只选择页岩气井口价格波动来描述投资环境的不确定性。页岩气井口价格波动主要源于市场需求变动，市场需求冲击越大，页岩气井口价格波动越剧烈。本节首先在不考虑页岩气单井产量递减性和区块资源丰度差异性的情况下探讨了页岩气井口价格波动对投资时机的影响。假定 $q_0=1$，$\upsilon=0$ 时，页岩气项目价值和开发投资时机随着波动率的变动而变化的情况，如图 4-4 所示。

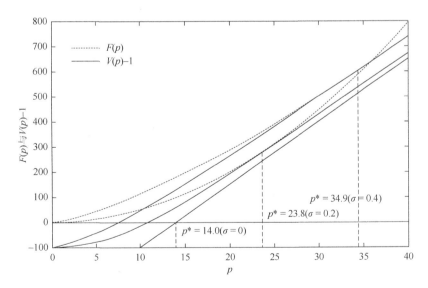

图 4-4　页岩气价格波动对页岩气项目价值和开发投资时机的影响

从图 4-4 中可以看出，在页岩气单井产气量递减率、初始采气率确定的情况下，页岩气区块开发的期权价值和投资价值随着页岩气井口价格波动率的增大而增大，但期权价值上升得更快，投资临界值也相应地不断被提高。这说明以价格波动为代表的不确定性延迟了开发企业投资时点，而且不确定性越大，开发投资时机越滞后。这主要是因为页岩气井口价格不确定性增大了开发企业的等待期权价值，企业更愿意推迟投资以获取更大收益。由上述分析可得如下命题。

命题 4-2：满足前提假设，其他条件不变，页岩气价格的不确定性程度越高，开发企业的等待的期权价值越大，开发企业投资页岩气项目的时机越晚，反之亦然。

4.4.2　产量递减性对项目价值和开发投资时机的影响

页岩气深埋于地下几百米乃至上千米的页岩层中，相对于常规油气，开采难度大、技术要求高，单井产量呈递特征更加明显。本节在页岩气井口价格不确定性程度及区块资源丰度一定的情况下探讨了产气量递减率变动对投资时机的影响。假定 $q_0 = 1$，$\sigma = 0.2$，产气量递减率变动对页岩气项目价值和开发投资时机的影响如图 4-5 所示。

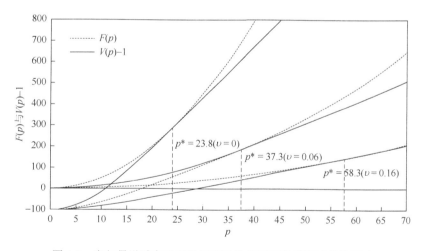

图 4-5　产气量递减率对页岩气项目价值和开发投资时机的影响

从图 4-5 中可以看出，在价格波动率、初始采气率一定的情况下，随着产气量递减率的增大，页岩气区块的期权价值和投资价值随着页岩气单井产量递减速率的增大而降低，但投资价值下降得更快，这需要更大的投资临界值来触发投资。对投资者而言，这意味着较大单井产气量递减率增大了开发企业继续等待的可能，而较小单井产气量递减率增大了开发企业提前投资的可能。这主要是因为单井产气量递减率的存在减小了项目的期权价值和投资价值，单井产气量递减率越大，页岩气开发项目的期权价值和投资价值越小，开发企业更愿意推迟投资以确保当前不受损失。由上述分析可得如下命题。

命题 4-3：满足前提假设，其他条件不变，页岩气井的单井产气量递减率越大，页岩气开发项目的期权价值和投资价值越小，开发企业应越晚投资；反之页岩气井单井产气量递减率越小，开发企业应该越早投资。

4.4.3 资源丰度差异性对项目价值和开发投资时机的影响

各异的成藏机理和复杂的地质条件赋予了不同页岩气区块相应的资源丰度。本节在页岩气井口价格不确定性程度和单口井产气量递减率一定的情况下探讨了页岩气区块的资源丰度差异对投资时机的影响。假定 $\sigma = 0.2$ ，$\upsilon = 0.06$ ，页岩气项目价值和开发投资时机随页岩气开发项目资源丰度的变动如图 4-6 所示。

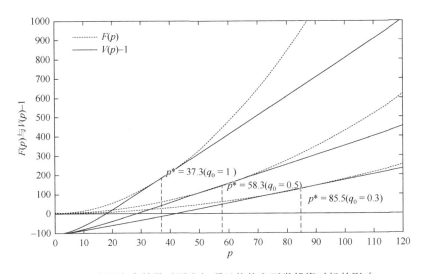

图 4-6 资源丰度差异对页岩气项目价值和开发投资时机的影响

从图 4-6 中可知，在价格波动率和单井产气量递减率一定的情况下，页岩气开发项目的期权价值和投资价值随着页岩气开发区块的资源丰度的减小而降低，但投资价值下降得更快，投资临界值也相应提高了。对投资者而言，这意味着当拥有相对优质的页岩气区块（具有相对较高等级的资源丰度）时可能会更早地进行投资，当拥有相对劣质的页岩气区块（具有相对较差的资源丰度）时可能会延迟投资。这主要是因为页岩气区块资源丰度在一定程度上表征着页岩气开发项目期权价值和投资价值大小，区块资源丰度等级越高，页岩气开发项目期权价值和投资价值越大，越能更早地触发投资。由上述分析可得如下命题。

命题 4-4：满足前提假设，其他条件不变，页岩气开发项目资源丰度越高，页岩气开发项目期权价值和投资价值越大，开发企业应越早投资；反之，资源丰度越低，开发企业应该越晚投资。

4.5　本 章 小 结

本章根据实地调研信息及对相关文献研究，把业界所熟知而相关研究常忽略的资源项目产量特征引入实物期权模型，构建了可暂停生产的页岩气开发项目投资时机决策模型，通过模型求解给出了页岩气开发项目投资的临界值方程，其解对应着最佳投资时机，并通过数值分析方法探讨不确定性和产量特征对开发投资时机的影响。

研究发现：①页岩气井口价格波动增大了开发企业的等待价值，不确定性程度越高，投资临界值就越大，相应的开发投资时机就越晚。②单井产气量递减率的存在减小了页岩气区块的期权价值和投资价值，产气量递减率越大，项目价值越小，开发企业更愿意推迟投资以确保当前不受损失。③页岩气项目区块资源丰度表征着页岩气开发项目期权价值和投资价值大小，区块资源丰度等级越高，项目期权价值和投资价值越大，越能更早触发投资。

研究启示：①以我国的页岩气开发进展为例，原国土资源部组织了两次页岩气区块招标，23 个页岩气区块被开发企业成功竞得，而进展汇报显示仅有少数企业的勘探工作取得了实质性进展，开发企业面临着政策、技术、成本、价格等方面的高度不确定性可能就是部分原因所在。因为研究发现，不确定性越高，投资时机越晚。②政府开发早期推出优质页岩气区块，以及支持和扶持页岩气开发项目的稳产增产技术研发，可能会在一定程度上促进页岩气开发进程。涪陵页岩气田专家访谈信息显示，优质的页岩气区块具有相对较高等级的资源丰度和相对较小的单井产气量递减率。

第5章 页岩气开发项目投资时机与钻井数量选择研究

本书的第 4 章探讨了采气运营阶段可暂停页岩气开发项目投资时机选择问题，为开发企业何时投资页岩气项目提供了理论指导。然而，对开发企业而言，投资开发页岩气不仅需要考虑何时进行开发投资的问题，还需要考虑投资开钻多少口页岩气井的规模选择问题。因此，本章基于第 4 章研究的基础，进一步开展页岩气开发项目投资时机与规模选择问题研究，试图为开发企业提供投资时机和规模同时选择的理论支持。需要指出的是，为了提高模型的实用性（降低模型复杂性并给出解析解表达式），本章所建模型没有考虑采气运营阶段的管理柔性，但在第 4 章的基础上，考虑了页岩气开发项目产能特征（规划钻井与采气井数量的不一致性）对投资价值及投资决策的影响。同时，为了体现模型的关键假设的合理性，本章将第 3 章和第 4 章反映外部环境不确定性的页岩气价格波动修正为市场需求冲击，并通过我国天然气消费数据验证了假设的可行性。还需要指出的是，本书将投资规模界定为钻井数量。

5.1 引　　言

对开发企业而言，投资开发页岩气不仅需要考虑何时进行开发投资的问题，还需要考虑投资开钻多少口页岩气井的规模选择问题。如果未来市场需求较大，而页岩气井较少，则开发企业将由于产量制约而不能获得更多收益；如果未来市场需求较小，而页岩气井较多，将会造成开发企业生产能力闲置，或者较大的页岩气产量将会导致页岩气价格的下降，从而降低开发企业收益。因此，如何同时确定企业的最优投资时机和投资规模是本章需要解决的核心问题。然而，国内外鲜有涉及有关页岩气开发项目投资时机与规模选择方面的研究，且相关问题研究成果忽视了项目内在特征对投资决策的影响。在相关问题的研究中，学者从投资成本、投资方式、投资时限和收益的不确定性等方面探讨了不同种类项目的投资时机问题，但他们的研究并没有涉及投资规模问题。学者同时探讨了企业投资时机与投资规模决策问题，且侧重考察投资规模可变情境。将他们的研究成果运用到页岩气开发项目投资时机与钻井数量选择上，一方面不能揭示项目本身所具有的特征对其价值和投资决策的影响，另一方面也违背了能源开发项目产能规划的现实情况。

此外，在本书的第 3 章和第 4 章借鉴以往学者对其他能源产品价格的假设，直接假定页岩气井口价格服从几何布朗运动缺乏解释力。因为我国已提出页岩气将实行市场定价方案，只是尚未实现，目前仍受政府管制。受 GDP 增速、工业燃料煤制气进度、城镇化气化率、化工用气量及替代能源价格等因素影响，我国天然气消费具有不确定性。那么将不确定的市场需求描述为符合几何布朗运动的随机过程是否可行？考虑到现有研究的研究问题、研究对象或研究环境与本书研究存在差异，他们这种对不确定风险的处理方式，在页岩气开发项目投资决策中是否仍然适用，有待进一步检验。

本章的研究内容安排如图 5-1 所示。

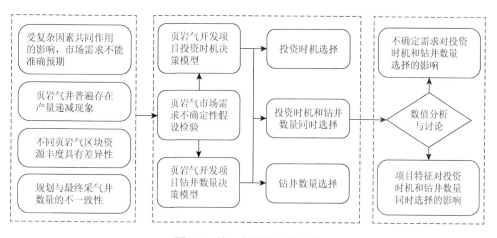

图 5-1 第 5 章研究内容安排

首先，验证页岩气市场需求服从几何布朗运动过程假设的可行性。基于我国页岩气价格市场化的现实支撑，论证我国页岩气未来市场需求的不确定性，依据 Della 等（2012）研究的假设，提出我国天然气需求符合几何布朗运动的随机过程假设，并收集我国天然气（1965～2013 年）消费数据，通过蒙特卡洛模拟方法验证假设是否可行。

其次，借鉴 Dixit 和 Pindyck（1994）建立的不确定条件下不可逆性投资基本分析框架，考虑页岩气开发过程中规划钻井与实际采气井数量的不一致性、产量递减性和资源丰度差异性，引入钻井成功率、产气量递减率和初始采气率变量，构建市场需求不确定情境下页岩气开发项目的投资时机与钻井数量决策模型，并通过模型求解给出页岩气开发项目投资时机与钻井数量分别选择和同时选择的解析解。

最后，根据中石化涪陵页岩气田实地专家访谈信息和美国页岩气开发相关研究文献，合理设定模型参数，通过数值分析澄清市场需求不确定性和页岩气开发项目产能与产量特征对投资时机和投资规模同时决策的影响，并依据模型求解和数值分析结果给出相应的管理启示或建议。

5.2　我国页岩气市场需求不确定描述

页岩气是一种非常规天然气，和天然气属于同质产品，具有完全替代性。页岩气的市场需求将由天然气市场需求所决定。新政策的发布、替代能源价格调整、化工行业用气的不确定性及进口天然气价格变动等因素都会对天然气需求产生重要影响，这些复杂的因素将共同影响页岩气开发企业的生产经营决策。同时站在投资企业的角度，这些复杂因素所产生的共同作用最终将投射到对市场需求的影响，致使投资者不能够有效地预判市场需求的未来趋势。李润生和瞿辉（2015）指出受 GDP 增速、工业燃料煤制气进度、城镇化气化率、化工用气量及替代能源价格等因素影响，我国天然气消费具有不确定性。如何准确描述天然气市场需求的不确定性，是开发企业做出科学投资决策的前提。学者均将不确定的市场需求描述为符合几何布朗运动的随机过程。本书借鉴上述学者的研究假设，将我国天然气市场需求过程也假设为符合几何布朗运动的随机过程。下面将用我国天然气消费数据验证这一假设的可行性。

众多因素影响我国天然气需求变化，主要表现在需求量随时间上涨的趋势和需求量的平均波动率。前者对需求量增长的贡献取决于时间的长短；后者只取决于几何布朗运动造成的随机波动。在广义的维纳过程中假设期望增长率为常数，即 $\Delta x = \mu \Delta t$，但实际中假设期望增长率为常数更为合理，如果在 t 时刻的需求量为 x，那么需求量的增长率应该为 μx，其中 μ 为常数。因此可得到一个广泛使用的描述需求量变动的模型：

$$\mathrm{d}x(t) = \mu x(t)\mathrm{d}t + \sigma x(t)\mathrm{d}z \tag{5-1}$$

其中，$\mathrm{d}z = \varepsilon\sqrt{\mathrm{d}t}$，$\varepsilon \sim N(0,1)$。

上述描述天然气需求量的随机过程通常称为伊藤过程，也称为几何布朗运动。该模型的离散形式可以写为

$$\Delta x = x(t)(\mu\Delta t + \sigma\varepsilon\sqrt{\Delta t}) \tag{5-2}$$

式（5-2）变形可得

$$x(t + \Delta t) = x(t)(1 + \mu\Delta t + \sigma\varepsilon\sqrt{\Delta t}) \tag{5-3}$$

当 $\Delta t \to 0$ 时，式（5-2）可写为

$$x(t + \Delta t) = x(t)\exp(\mu\Delta t + \sigma\varepsilon\sqrt{\Delta t}) \tag{5-4}$$

在得到了天然气需求量行为的几何布朗运动模型之后，利用该模型来模拟需求量的波动情况，同时与需求量的实际情况进行对比分析，观测实际情况下我国天然气需求量变动是否满足几何布朗运动。在进行模拟之前，需要先利用伊藤引理求 μ 和 σ 的估计值。其中 μ 表示单位时间内的期望增长率，σ 表示单位时间内需求量的波动率。

令 $y = \ln x$，由伊藤引理可得 $\mathrm{d}y = \left(\mu - \dfrac{\sigma^2}{2} \right) \mathrm{d}t + \sigma \mathrm{d}z$，即可得

$$[\ln x(t + \Delta t) - \ln x(t)] \sim N\left[\left(\mu - \frac{\sigma^2}{2} \right) \Delta t, \sigma^2 \Delta t \right] \tag{5-5}$$

加之，由 $\varepsilon \sim N(0,1)$ 可得

$$\begin{cases} E\left[\ln\left(\dfrac{x(t + \Delta t)}{x(t)} \right) \right] = \mu \Delta t \\ \mathrm{Var}\left[\ln\left(\dfrac{x(t + \Delta t)}{x(t)} \right) \right] = \sigma^2 \sqrt{\Delta t} \end{cases} \tag{5-6}$$

通过式（5-6）可得我国天然气需求量增长对数的均值和波动性的计算公式为

$$\begin{cases} \mu = \dfrac{E\left\{ \ln\left[x(t + \Delta t) / x(t) \right] \right\}}{\Delta t} \\ \sigma = \sqrt{\dfrac{\mathrm{Var}\left\{ \ln\left[x(t + \Delta t) / x(t) \right] \right\}}{\Delta t}} \end{cases} \tag{5-7}$$

通过 Wind 数据库获得 1965～2013 年共 49 年我国天然气年消费量时间序列数据 $\{x(t)\}$ $(t = 1, 2, \cdots, 49)$，定义单位时间为 1 年，即 $\Delta t = 1$，预期需求量增长率和标准差分别代表 1 年的天然气预期增长率和 1 年内的标准差。利用式（5-7）可得天然气消费量对数的均值为 0.115 182，方差为 0.155 344。然后通过表 5-1 的操作对我国天然气消费量进行蒙特卡洛模拟。

表 5-1　模拟思路及步骤

每年的天然气消费量	对应的随机样本	每年天然气消费量波动
$x(0)$	ε_1	$\Delta x(0) = \mu x(0) + \sigma x(0) \varepsilon_1$
$x(1) = x(0) + \Delta x(0)$	ε_2	$\Delta x(1) = \mu x(1) + \sigma x(1) \varepsilon_2$
$x(2) = x(1) + \Delta x(1)$	ε_3	$\Delta x(2) = \mu x(2) + \sigma x(2) \varepsilon_3$
$\vdots$	$\vdots$	$\vdots$

通过上述操作模拟我国天然气消费量的波动曲线与我国天然气实际消费量的波动曲线如图 5-2 所示。

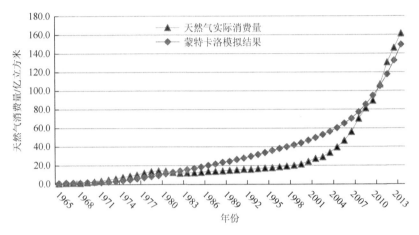

图 5-2　我国天然气消费量实际走势与蒙特卡洛模拟结果示意图

由于蒙特卡洛模拟存在着一定的偶然性，所以笔者进行了三次相互独立的蒙特卡洛模拟。模拟结果与我国天然气实际消费量的统计指标如表 5-2 所示：

表 5-2　我国天然气实际消费量与模拟结果　　　　（单位：亿立方米）

项目	实际消费量	模拟结果 1	模拟结果 2	模拟结果 3
均值	33.440 00	34.992 70	36.403 09	35.567 95
标准差	37.904 88	36.767 47	36.186 53	36.379 79
期望增长率	0.115 182	0.119 276	0.117 905	0.120 114
相关系数		0.959 218	0.959 187	0.956 607

从统计指标来看，模拟结果数据与实际数据的均值和标准差都较接近，而且三次模拟数据与实际数据的相关系数分别为 0.9592、0.9591 和 0.9566。从相关系数等指标看，我国天然气需求量的走势非常接近几何布朗运动拟合的效果。而且蒙特卡洛模拟结果的期望增长率和标准差与实际数据非常接近，这在一定程度上说明将我国天然气的不确定需求描述为服从几何布朗运动的随机过程假设是可行的。

5.3　页岩气开发项目投资时机与钻井数量决策模型

5.3.1　研究假设及基础模型构建

依据学者的研究假设，假定开发企业风险中性，页岩气井口价格由式（5-8）

的逆需求函数所决定。

$$p(t) = x(t) - \alpha Q(t) \tag{5-8}$$

其中，$p(t)$ 表示市场价格；$Q(t)$ 表示市场的实际供给数量；α 表示开发企业对页岩气井口价格的控制能力，即页岩气开发企业的市场力量，为大于零的常数；$x(t)$ 表示页岩气市场需求变动参数，受政策补贴、能源替代、消费者偏好、竞争对手产能决策等因素的影响。因此，未来的某一时刻市场需求量对投资者而言是不能准确预期的，存在很大的不确定性。本书借鉴以往学者对市场需求不确定性的处理办法，假设页岩气市场需求变动满足期望增长率为 μ、方差为 σ 的几何布朗运动：

$$dx(t) = \mu x(t)dt + \sigma x(t)dz(t) \tag{5-9}$$

其中，μ 表示页岩气市场需求的瞬时期望漂移率；σ 表示页岩气市场需求的瞬时波动率；dz 表示标准维纳过程增量，而且 $0 < \mu < r$，r 表示无风险利率。

页岩气藏独特的地质特征与成藏机理决定了页岩气藏自然产量低或基本没有自然产量。虽然水力压裂和水平钻井技术的成功应用使得深埋地下数千米的页岩气得以开发利用，但是始终无法摆脱最终采收率不断递减的现实。同时，页岩气开采的产能投资规模区别于传统的生产制造性行业，这主要表现在规划钻井与实际产气井数量的不一致性上。传统生产制造性行业，企业投资确定规模的产能，就可以以确定产能进行生产（不考虑生产柔性）。英国塔洛石油公司 2013 年钻出 57 口勘查和评价井，其中 37 口钻井发现了碳氢化合物，成功率为 65%。对涪陵页岩气田实地调研发现，由于地层构造、储层结构及地质规律认识水平有限，经常出现页岩气井不具有经济开发价值而弃用的情况，甚至出现"干井"的可能性。因此，对于页岩气资源开发投资而言，每口规划投资的页岩气井有一定概率不能生产页岩气，本书将规划投资的页岩气井能生产页岩气定义为钻井成功率，用 θ 表示。在考虑页岩气井产能特征的时候，如果开发企业规划投资产能为 n 口页岩气井，则实际获得工业气流的页岩气井数量为 θn。

考虑页岩气产量递减性特征和产能特征，依据第 4 章给出的瞬时单井产量测算模型式（4-2），n 口页岩气井在 t 时刻的采气率可表示为

$$q(t) = \theta n q_0 e^{-\upsilon t} \tag{5-10}$$

其中，$q(t)$ 表示单口页岩气井在 t 时刻的采气率；$0 \leqslant \upsilon < 1$ 表示页岩气井年产量平均递减率；$0 < \theta < 1$ 表示钻井成功率。

假设 n 口页岩气井的产能建设瞬时完成，如果每口页岩气井综合平均成本为 k，不考虑规模效应，则前期投入成本可由式（5-11）给出：

$$I(n) = nk \tag{5-11}$$

其中，$0 < n < m$，m 表示中标区块最大钻井数量。

假设生产的页岩气没有存货，考虑页岩气开发项目过程中的产能和产量特征，并结合式（5-8）和式（5-10）的价格和产量表达式，则开发企业的利润流可由式（5-12）给出：

$$\pi(x,n) = \left[x(t) - \alpha\theta nq(t) - c \right]\theta nq(t) = \left[x(t) - \alpha\theta nq_0 e^{-\upsilon t} - c \right]\theta nq_0 e^{-\upsilon t} \quad (5\text{-}12)$$

其中，c 表示开发企业单位时间的采气运营成本。

页岩气资源作为一种新兴矿产资源，其可耗竭性决定了页岩气开发项目必然存在一个技术可开采年限，用 T 表示。一旦确定了投资时机，根据式（5-12）的投入成本和收益函数表达式，可得在技术可开采年限 T 内，开发企业的期望折现收益，也就是页岩气开发项目的投资价值，由式（5-13）给出：

$$V(x,n) = E\left(\int_0^T e^{-rt} \left\{ \left[x(t) - \alpha\theta nq_0 e^{-\upsilon t} - c \right]\theta nq_0 e^{-\upsilon t} \right\}\theta nq_0 e^{-\upsilon t} dt \right) \quad (5\text{-}13)$$

将式（5-9）代入式（5-13）整理可得

$$V(x,n) = \frac{\theta xnq_0}{r+\upsilon-\mu}\left[1 - \frac{1}{e^{(r+\upsilon-\mu)T}} \right] - \frac{\alpha(\theta nq_0)^2}{r+2\upsilon}\left[1 - \frac{1}{e^{(r+2\upsilon)T}} \right] - \frac{c\theta nq_0}{r+\upsilon}\left[1 - \frac{1}{e^{(r+\upsilon)T}} \right]$$

$$(5\text{-}14)$$

其中，x 表示投资时刻页岩气价格，是可观测变量。为了使运算更加简便，不妨假设技术可开采年限 T 足够大，则对开发企业而言，中标页岩气区块的投资价值可简化表示为

$$V(x,n) = \frac{\theta xnq_0}{r+\upsilon-\mu} - \frac{\alpha(\theta nq_0)^2}{r+2\upsilon} - \frac{c\theta nq_0}{r+\upsilon} \quad (5\text{-}15)$$

通过上述推导，企业的页岩气开发项目投资时机与钻井数量选择问题可表述为如下随机最优停时问题：

$$\max_{t^* \geq 0, x \geq 0, n \geq 0} E\left\{ e^{-rt^*}[V(x,n) - I(n)] \right\} \quad (5\text{-}16)$$

将式（5-11）和式（5-15）代入式（5-16）整理可得

$$\max_{t^* \geq 0, x \geq 0, n \geq 0} E\left\{ e^{-rt^*}\left[\frac{\theta xnq_0}{r+\upsilon-\mu} - \frac{\alpha(\theta nq_0)^2}{r+2\upsilon} - \frac{c\theta nq_0}{r+\upsilon} - nk \right] \right\} \quad (5\text{-}17)$$

其中，t^* 表示开发企业停止等待触发投资的时刻，此时对应的天然市场需求水平 $x^*(t)$ 表示最优投资时机，后文中如不做其他说明都用 x^* 表示，而此时需要规划开钻的页岩气井数量 n^* 为最优钻井数量。

5.3.2　页岩气开发项目投资时机选择

如果开发企业规划投资 n 口页岩气井，则在单位时间内可能只生产 $\theta n q_0 \mathrm{e}^{-\upsilon t}$ 单位的页岩气。企业通过观察市场需求情况 x，在 t^* 时刻进行投资，其中 $t^* = \inf(t : x \geqslant x^*)$，$x^*$ 代表能够触发投资的市场需求水平。企业通过确定触发投资的市场需求水平 x^* 来确定最佳投资时机。当 $x < x^*$ 时，虽然开发企业不投资，其利润流为零，但是开发企业仍然持有下一阶段是否进行投资的选择权，这种选择权即期权是有价值的。设定页岩气中标区块的期权价值为 $F(x, n)$，根据最优停时理论，继续等待区域的 Bellman 方程为

$$rF(x, n)\mathrm{d}t = E[\mathrm{d}F(x, n)] \tag{5-18}$$

式（5-18）说明，在时间段 $\mathrm{d}t$，页岩气开发项目的投资机会预期总回报 $rF(x, n)\mathrm{d}t$ 等于其资本的期望增值率 $E[\mathrm{d}F(x, n)]$。根据伊藤引理可得

$$\mathrm{d}F(x, n) = F'(x, n)\mathrm{d}x + \frac{1}{2}F''(x, n)\mathrm{d}x^2 \tag{5-19}$$

将式（5-2）代入式（5-18）并结合式（5-19），可得页岩气中标区块投资开发的期权价值 $F(x, n)$ 满足微分方程（5-20）：

$$\frac{1}{2}\sigma^2 x^2 F''(x, n) + rxF'(x, n) - rF(x, n) = 0 \tag{5-20}$$

通常情况下，式（5-20）的通解可表示为 $A_1(n)x^{\beta_1} + A_2(n)x^{\beta_2}$，其中 β_1 和 β_2 是二次方程 $\frac{1}{2}\sigma^2\beta(\beta-1) + r\beta - r = 0$ 的两个根。通过求解可得

$$\begin{cases} \beta_1 = \dfrac{1}{2} - \dfrac{r}{\sigma^2} + \sqrt{\left(\dfrac{r}{\sigma^2} - \dfrac{1}{2}\right) + \dfrac{2r}{\sigma^2}} \\[4mm] \beta_2 = \dfrac{1}{2} - \dfrac{r}{\sigma^2} - \sqrt{\left(\dfrac{r}{\sigma^2} - \dfrac{1}{2}\right) + \dfrac{2r}{\sigma^2}} \end{cases} \tag{5-21}$$

其中，$\beta_1 > 1$，$\beta_2 < 0$。

系数 A_1 和 A_2 由适当的边界条件所决定，由于当 x 取零的时候为吸收壁，因此有 $F(0, n) = 0$，这意味着 $A_2 = 0$。从而可得到页岩气中标区块的投资期权价值为

$$F(x, n) = A_1(n)x^{\beta_1} \tag{5-22}$$

根据 Dixit 和 Pindyck 的论述，投资触发时机 x^* 和系数 A_1 可以通过解价值匹配和平滑粘贴条件方程，即式（5-23）和式（5-24）得到。

$$F\left[x^*(n), n\right] = V\left[x^*(n), n\right] - I(n) \tag{5-23}$$

$$F_x'\left[x^*(n), n\right] = V_x'\left[x^*(n), n\right] \tag{5-24}$$

将式（5-15）和式（5-22）中的 x 变换成 x^* 并将式（5-13）代入式（5-23）整理可得

$$A_1(n)x^{\beta_1} = \frac{\theta n q_0 x^*}{r+\upsilon-\mu} - \frac{\alpha(\theta n q_0)^2}{r+2\upsilon} - \frac{c\theta n q_0}{r+\upsilon} - nk \qquad (5\text{-}25)$$

对式（5-25）求解关于 x^* 的偏导数并整理可得

$$\beta_1 A_1(n)x^{\beta_1-1} = \frac{\theta n q_0}{r+\upsilon-\mu} \qquad (5\text{-}26)$$

通过式（5-25）和式（5-26）联立方程并求解可得开发企业投资 n 口页岩气井的投资时机为

$$x^*(n) = \frac{\beta_1(r-\mu+\upsilon)}{\beta_1-1}\left(\frac{\alpha\theta n q_0}{r+2\upsilon} + \frac{c}{r+\upsilon} + \frac{k}{\theta q_0}\right) \qquad (5\text{-}27)$$

由式（5-27）可知，只要开发企业确定了投资的钻井数量 n 就可以测算出相应的最佳投资时机，而且，通过式（5-27）也可以得到如下命题。

命题 5-1：满足前提假设，在产能规模已确定的情况下，开发企业进行页岩气开发项目投资时机决策时，已规划钻井数量越多，投资时刻越晚；反之，已规划钻井数量越少，投资时刻越早。

证明：由式（5-27）可得 $\dfrac{\partial x^*(n)}{\partial n} = \dfrac{\beta_1(r-\mu+\upsilon)}{\beta_1-1}\dfrac{\alpha\theta q_0}{r+2\upsilon}$ ；因为 $\beta_1 > 1$ ，$r > \mu > 0$ ，$\upsilon \geqslant 0$ ，$\alpha > 0$ ，$\theta > 0$ ，$q_0 > 0$ ；所以 $\beta_1 - 1 > 0$ ，$r - \mu + \upsilon > 0$ ；从而可知 $\dfrac{\partial x^*(n)}{\partial n} > 0$ ，故得证。

5.3.3　页岩气开发项目钻井数量选择

吕秀梅（2014）提出在确定投资规模时，主要存在如下几种方式。其一，通过最大化投资者的内在价值（intrinsic value）来选择投资规模；其二，通过最大化投资者的期权价值来确定投资规模；其三，通过最大化投资者的利润现值来确定最优规模。吕秀梅比较这三种方式，认为第一种方式更适合来确定投资规模。原因是投资者在投资瞬间，其期权价值正好是内在价值，第二种方式选择的价值是投资之前而非投资时刻的期权价值，第三种 NPV 方法则更加适合确定环境，若在不确定环境中采用这种方法就忽略了投资过程中的机会成本。鉴于此，本书采用第一种方式来确定页岩气开发项目最优钻井数量。因此，对于开发企业而言，给定投资时刻的市场需求水平 x，最优钻井数量可以通过解决式（5-28）求得。

$$\max_{n>0}[V(x,n)-I(n)] \tag{5-28}$$

解决式（5-28）可通过标准条件，即额外一单位的资本边际价值等于边际页岩气井生产成本给出：

$$V_n(x,n)-I_n(n)=\frac{\theta q_0 x}{r+\upsilon-\mu}-\frac{2\alpha n(\theta q_0)^2}{r+2\upsilon}-\frac{c\theta q_0}{r+\upsilon}-k=0 \tag{5-29}$$

通过对式（5-29）求解可得在确定需求水平下的最优钻井数量为

$$x^*(n)=\frac{r+2\upsilon}{2\alpha\theta q_0}\left(\frac{x}{r-\mu+\upsilon}-\frac{c}{r+\upsilon}-\frac{k}{\theta q_0}\right) \tag{5-30}$$

由式（5-30）可知，只要开发企业确定了投资的钻井数量 n，就可以测算出相应的最佳投资时机，也可以得到如下命题。

命题 5-2：满足前提假设，投资时机已经确定的情况下，开发企业只对钻井数量进行决策时，已定投资时点越晚，需要的钻井数量越多；反之，需要的钻井数量越少。

证明：由式（5-30）可得 $\dfrac{\partial x^*(n)}{\partial x}=\dfrac{r+2\upsilon}{2\alpha\theta q_0}\dfrac{1}{(r-\mu+\upsilon)}$；因为 $r>\mu>0$，$\upsilon\geqslant0$，

$\alpha>0$，$\theta>0$，$q_0>0$；所以 $r-\mu+\upsilon>0$；从而可知 $\dfrac{\partial x^*(n)}{\partial x}>0$，故得证。

5.3.4　投资时机和钻井数量同时选择

由最佳投资时机解析解表达式（5-27）和最优钻井数量解析解表达式（5-30）联立方程组可得

$$\begin{cases} x=\dfrac{\beta_1(r-\mu+\upsilon)}{\beta_1-1}\left(\dfrac{\alpha\theta n q_0}{r+2\upsilon}+\dfrac{c}{r+\upsilon}+\dfrac{k}{\theta q_0}\right) \\[3mm] n=\dfrac{r+2\upsilon}{2\alpha\theta q_0}\left(\dfrac{x}{r-\mu+\upsilon}-\dfrac{c}{r+\upsilon}-\dfrac{k}{\theta q_0}\right) \end{cases} \tag{5-31}$$

对式（5-31）求解可得开发企业同时决策投资时机和钻井数量时的最佳投资时机及最优钻井数量分别为

$$x^*=\frac{\beta_1(r-\mu+\upsilon)}{\beta_1-2}\left(\frac{c}{r+\upsilon}+\frac{k}{\theta q_0}\right) \tag{5-32}$$

$$n^* = \frac{r + 2\upsilon}{(\beta_1 - 2)\alpha\theta q_0}\left(\frac{c}{r + \upsilon} + \frac{k}{\theta q_0}\right) \tag{5-33}$$

为保证页岩气区块最佳投资时机和最优钻井数量存在可行解，假设 $\beta_1 - 2 > 0$，对此假设可参考 Della 等（2012）给出的经济学解释，本书不再复述。

命题 5-3：满足前提假设的条件下，开发企业同时决策投资时机和钻井数量时，页岩气开发项目的最优投资时机受钻井成功率和钻井成本的影响，与规划钻井数量多少无关；最优钻井数量受市场需求的期望增长率和波动率影响，与市场需求量的大小无关。

上述命题表明开发企业同时决策投资时机和规划钻井数量时，页岩气开发项目最佳投资时机不是由规划钻井数量来决定，而是由钻井成本和钻井成功率来决定的；页岩气开发项目最优钻井数量不是由市场需求量来决定，是由市场需求的期望增长率和波动率来决定的。同时，由式（5-32）和式（5-33）可知，页岩气开发项目的最优投资时机会受无风险利率、需求期望增长率、需求波动率、产气量递减率、生产运营成本、钻井成本、钻井成功率及初始采气率的影响；最优钻井数量除受上述因素影响，还受开发企业市场价格控制能力的影响。影响关系将在 5.4 节中进行讨论。

5.4 静态比较与数值分析

在市场化环境下，页岩气市场需求由天然气市场需求所决定，并受诸多因素影响，具有很大的不确定性。同时，不同开发阶段的产气量递减率、资源丰度差异性及钻井成功率受地质条件、资源分布特征、开采技术工艺及技术学习等因素影响也会变化。而且，在不同区块也会有很大差异。因此，本节首先探讨了不确定需求对投资时机和最优钻井数量的影响；其次，设置相对较高和相对较低两种情境下的市场需求不确定性程度参数，进一步讨论不确定需求下页岩气开发项目产气量递减率、资源丰度、钻井成功率及钻井成本变动对投资时机与钻井数量同时决策的影响。

5.4.1 市场需求的不确定性对投资决策的影响

由式（5-32）和式（5-33）可得 $\dfrac{\partial x^*}{\partial \sigma} = \dfrac{\partial x^*}{\partial \beta_1}\dfrac{\partial \beta_1}{\partial \sigma} = \dfrac{-2(r - \mu + \upsilon)}{(\beta_1 - 2)^2}\left(\dfrac{c}{r + \upsilon} + \dfrac{b}{\theta q_0}\right)\dfrac{\partial \beta_1}{\partial \sigma}$

和 $\dfrac{\partial n^*}{\partial \sigma} = \dfrac{\partial n^*}{\partial \beta_1}\dfrac{\partial \beta_1}{\partial \sigma} = \dfrac{-(r + 2\upsilon)}{(\beta_1 - 2)^2\alpha\theta q_0}\left(\dfrac{c}{r + \gamma} + \dfrac{b}{\theta q_0}\right)\dfrac{\partial \beta_1}{\partial \sigma}$。由 Dixit 和 Pindyck（1994）

的研究可知，$\partial \beta_1 / \partial \sigma < 0$，从而可得 $\partial x^* / \partial \sigma > 0$，$\partial n^* / \partial \sigma > 0$。这表明在其他条件不变的情况下，最优投资时机对应的市场需求量随着需求波动的增大而增大。换言之，页岩气开发企业面临市场需求的不确定性程度越高，开发投资时机越滞后，不确定性增大了开发企业等待的期权价值，企业更愿意推迟投资以获取更大收益。同时，最优钻井数量也随着需求波动的增大而增大。这主要是因为不确定性程度越高，开发企业投资时刻相对滞后，此时的市场需求大，开发企业需要开钻更多的页岩气井来满足未来市场需求，以谋取最大化的投资收益。

假定页岩气开发企业面临的投资环境为 $r = 0.06$，$\mu = 0.04$，$b = 100$，$\alpha = 0.05$，$\theta = 0.05$，$\upsilon = 0.3$，$q_0 = 30$，$c = 10$，$\sigma \in (0, 0.1)$。其中，初始产气率参数、钻井成本参数及生产成本参数来源于中石化涪陵页岩气田调研数据，产气量递减率参数赋值来源于 Weijermars（2013）对欧洲页岩气区块的评估，其他参数赋值借鉴 Dixit 和 Pindyck（1994）的研究。根据上述参数及其赋值，开发企业同时决策投资时机和钻井数量时，不确定性对投资时机和最优钻井数量的影响的数值模拟结果如图 5-3 所示。

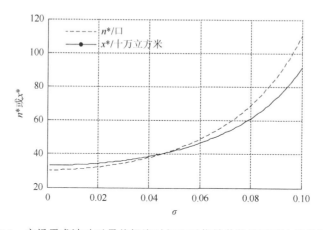

图 5-3　市场需求波动对最佳投资时机和最优钻井数量同时决策的影响

从图 5-3 的数值模拟结果也可以看出，满足前提假设，当其他条件不变时，页岩气开发项目的最佳投资时机与最优钻井数量都随着需求波动的增大而增大。这与静态比较分析结果是一致的。

5.4.2　产气量递减率对投资决策的影响

产气量递减率是指单位时间内产气量变化率或单位时间内产气量递减的百分

数。产气量递减率的大小反映了页岩气区块稳产形势的好坏，递减率越小，说明稳产形势越好。需要指出的是，在油气行业综合递减率是制定油气生产计划依据之一。因此，本书所指的产气量递减率是页岩气区块内综合的产气量递减率。

由式（5-32）和式（5-33）易得 $\dfrac{\partial x^*}{\partial \upsilon} = \dfrac{\beta_1}{\beta_1 - 2}\left(\dfrac{c\mu}{(r+\upsilon)^2} + \dfrac{k}{\theta q_0}\right) > 0$ 和 $\dfrac{\partial n^*}{\partial \upsilon} =$

$\dfrac{1}{\alpha\theta q_0(\beta_1 - 2)}\left(\dfrac{cr}{(r+\upsilon)^2} + \dfrac{2k}{\theta q_0}\right) > 0$。由 $\partial x^* / \partial \upsilon > 0$ 可知，开发企业同时决策投资时机和钻井数量时，随着页岩气井产气量递减率的增大，触发页岩气开发投资的阈值越大，延迟投资越明显。这主要是因为页岩气井产气量递减率的存在减小了项目的期权价值和投资价值，产气量递减率越大，项目的期权价值和投资价值越小，开发企业更愿意推迟投资以保证当前不受损失。由 $\partial n^* / \partial \upsilon > 0$ 可知，开发企业同时决策投资时机和钻井数量时，随着页岩气井产气量递减率的增大，需要进行投资的页岩气井数量增多。这主要是因为较晚投资意味着更大的市场需求，而较大产气量递减率使得市场供给量不断减小，开发企业需要规划投资更多的页岩气井来生产页岩气以满足市场需求。

假定其他条件不变，$\upsilon \in (0,1)$，开发企业同时决策投资时机和钻井数量时，页岩气井产气量递减率对最佳投资时机和最优钻井数量的影响的模拟结果如图5-4所示。

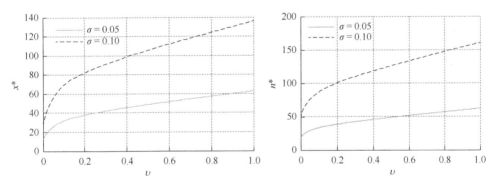

图5-4　产气量递减率对最佳投资时机和最优钻井数量同时决策的影响

从图5-4的数值模拟结果也可以发现，当其他条件不变时，页岩气开发项目的最佳投资时机与最优钻井数量随着产气量递减率的增大而增大。而且，在不确定程度较高的情境下，产气量递减率变动对最佳投资时机和最优钻井数量的影响作用更显著。

5.4.3　资源丰度对投资决策的影响

资源的自然丰度与其使用价值成正比，丰度越高，使用价值越大，并能决定资源的开发规模和经济发展方向。资源丰度又称资源丰饶度，指资源的富集和丰富程度，为资源的自然属性。矿产资源的自然丰度包括储量、品位、有益和有害伴生矿、可选性、矿层厚度与倾斜度、矿床岩体性质与水文地质等方面。因此，本书通过涪陵页岩气田实地调研，并咨询专家，用页岩气井初始产气量来表征页岩气区块的资源丰度。

由式（5-32）和式（5-33）易得 $\dfrac{\partial x^*}{\partial q_0} = -\dfrac{\beta_1(r-\mu+\upsilon)k}{\theta(\beta_1-2)(q_0)^2} < 0$ 和 $\dfrac{\partial n^*}{\partial q_0} =$ $-\dfrac{k(r+2\upsilon)}{\alpha\theta^2(\beta_1-2)(q_0)^3} < 0$。由 $\partial x^*/\partial q_0 < 0$ 可知，开发企业同时决策投资时机和钻井数量时，最佳投资时机随页岩气区块资源丰度增大而减小。意味着在其他条件不变的情况下，页岩气区块资源丰度越大，触发页岩气开发项目投资的阈值越小，投资越早。这主要是因为页岩气区块资源丰度越大，页岩气区块的投资价值越大，较小的市场需求就能触发投资。由 $\partial n^*/\partial q_0 < 0$ 可知，同时决策投资时机和钻井数量时，最优钻井数量随页岩气区块资源丰度增大而减小。这意味着在其他条件不变的情况下，页岩气区块资源丰度越大，开发企业规划钻井数量越少。因为较早的投资意味着更小的市场需求，开发企业只需要规划投资较少的页岩气井就能满足市场需求。

假定其他条件不变，$q_0 \in (5,30)$，开发企业同时决策投资时机和钻井数量时，页岩气井初始采气率对最佳投资时机和最优钻井数量的影响的数值模拟结果如图 5-5 所示。

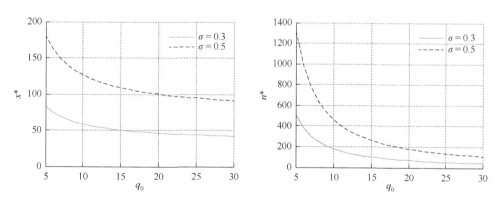

图 5-5　初始采气率对最佳投资时机和最优钻井数量同时决策的影响

从图 5-5 的数值模拟结果也可以发现，当其他条件不变时，页岩气开发项目的最佳投资时机与最优钻井数量随着页岩气井初始采气率的增大而减小。而且，在不确定程度较高的情境下，初始采气率变动对最佳投资时机和最优钻井数量的影响作用更显著。

5.4.4 钻井成功率对投资决策的影响

钻井成功率是表征勘探开发效益的重要指标之一，在油气开发领域常有两个定义。其一是在钻井工程作业中，表示一个单位（国家、公司、工程队）在一定时期（一般指一年）的全部钻井中达到作业目的而完井数所占比例；其二是在普查勘探中，表示全部钻井中获得工业油气流的钻井所占比例，后者有时按勘探阶段又可细分为预探井成功率、勘探评价井成功率、开发井成功率。对勘探评价井来说，以获得工业油气流为成功的标准，对开发井来说，以可以投入经济性生产为成功的标准。本书模型中的钻井成功率主要刻画钻井中获得工业油气流的钻井所占比例。

由式（5-32）和式（5-33）可得 $\dfrac{\partial x^*}{\partial \theta} = -\dfrac{\beta_1 k(r - \mu + \upsilon)}{\theta^2 q_0 (\beta_1 - 2)} < 0$ 和 $\dfrac{\partial n^*}{\partial \theta} = -\dfrac{(r + 2\upsilon)}{\alpha q_0 (\beta_1 - 2)}$

$\cdot \left[\dfrac{c}{(r + \upsilon)\theta^2} + \dfrac{2k}{q_0{}^3} \right] < 0$。由 $\partial x^* / \partial \theta < 0$ 可知，开发企业同时决策投资时机和钻井

数量时，随着钻井成功率的增大，页岩气开发项目投资的阈值越小，越早触发投资。这主要是因为钻井成功率越大，前期投入的沉没钻井总成本越小，页岩气开发项目的投资价值就越大，开发企业提早投资可以获取更多的累积收益。由 $\partial n^* / \partial \theta < 0$ 可知，开发企业同时决策投资时机和钻井数量时，随着页岩气井钻井成功率的增大，需要规划开钻的页岩气井数量越少。这主要是因为越大的页岩气井成功率意味着更早进行投资及更小的市场需求，开发企业仅需要规划开钻较少的页岩气井生产页岩气就能满足市场需求。

假定其他参数不变，$\theta \in (0,1)$，开发企业同时决策投资时机和钻井数量时，钻井成功率变动对最佳投资时机和最优钻井数量的影响如图 5-6 所示。

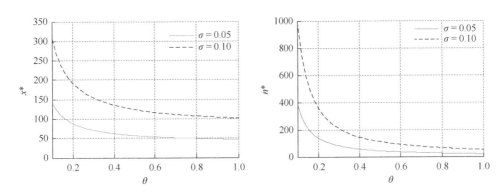

图 5-6　钻井成功率对最佳投资时机和最优钻井数量同时决策的影响

从图 5-6 的数值模拟结果可以明显地发现，当其他条件不变时，页岩气开发项目的最佳投资时机与最优钻井数量随着页岩气钻井成功率的增大而减小。而且，在不确定程度较高的情境下，钻井成功率变动对最佳投资时机和最优钻井数量的影响作用更明显。

5.4.5　钻井成本对投资时机和钻井数量的影响

本章的钻井成本不仅包括成功开发一口页岩气井所产生的地质调查费、征地借地费、技术使用费、许可及评估费、钻井工程费、录井及测井费、完井工程费（射孔、压裂）等，还包括技术学习成本。因此，本章所指钻井成本是生产一口页岩气井所产生的总费用。

由式（5-32）和式（5-33）可得：$\dfrac{\partial x^{*}}{\partial k}=\dfrac{\beta_{1}(r-\mu+\upsilon)}{\theta q_{0}(\beta_{1}-2)}>0$ 和 $\dfrac{\partial n^{*}}{\partial k}=\dfrac{r+2\upsilon}{\alpha(\beta_{1}-2)(\theta q_{0})^{2}}>0$。

由 $\partial x^{*}/\partial k>0$ 可知，开发企业同时决策投资时机和钻井数量时，随着页岩气井投入成本的增大，触发页岩气开发项目的投资阈值越大，延迟投资越明显。这主要是因为单位钻井成本越大，页岩气开发项目的投资价值就越小，开发企业更愿意推迟投资以避免蒙受损失。由 $\partial n^{*}/\partial\upsilon>0$ 可知，开发企业同时决策投资时机和钻井数量时，随着页岩气钻井投入成本的增大，需要进行投资的页岩气井数量增多。这是因为更高的钻井投入成本意味着更晚进行投资及更大的市场需求，开发企业一方面需要开钻更多的页岩气井生产页岩气才能满足市场需求，另一方面需要更大的生产规模去获取更多的项目投资收益，从而填补巨大的沉没钻井成本。假定其他参数不变，$k\in(0,1000)$，开发企业同时决策投资时机和钻井数量时，钻井成本变动对最佳投资时机和最优钻井数量的影响的数值模拟结果如图 5-7 所示。

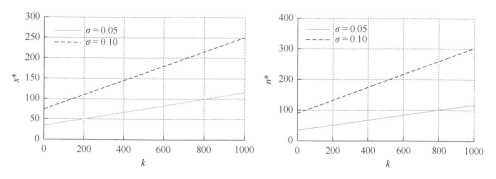

图 5-7　钻井成本对最佳投资时机和最优钻井数量同时决策的影响

从图 5-7 的数值模拟结果也可以看出，当其他条件不变时，页岩气开发项目的最佳投资时机与最优钻井数量随着页岩气钻井成本的增大而呈现线性增大趋势。而且，在不确定程度较高的情境下，钻井成本变动对最佳投资时机和最优钻井数量的影响作用更大。

5.5　本章小结

本章探讨了开发企业在需求不确定环境下如何选择页岩气开发项目的投资时机和投资规模问题。首先，收集我国 1965～2013 年天然气消费数据，运用蒙特卡洛模拟方法验证页岩气市场需求过程假设的可行性。其次，运用实物期权理论，结合影响页岩气开发项目投资收益的产气量递减性、规划钻井与实际产气井数量的不一致性及区块资源丰度的差异性特征，构建了不确定需求情境下页岩气开发项目投资时机与钻井数量决策模型，通过模型求解给出页岩气开发项目投资时机与钻井数量分别选择和同时选择的解析解表达式。最后，通过数值分析揭示了需求的不确定性和项目内在特征对页岩气项目开发投资时机和钻井数量选择的作用机理。

研究发现：①开发企业单独进行投资时机和钻井数量决策时，投资时机和钻井数量相互影响且表现出同向变动关系，即越早投资需要的钻井数量越少，越晚投资需要的钻井数量越多。②开发企业同时进行投资时机和钻井数量决策时，开发投资时点选择会受单位有效钻井成本和钻井成功率的影响，与规划钻井数量的多少无关；最优钻井数量选择与市场需求的期望增长率和波动率相关，与实际市场需求量的多少无关。③需求不确定性和产气量递减率及单位综合钻井成本的增大，将引起投资延迟和钻井数量增加，钻井成功率和初始采气率的增大会起到相反的作用。同时，在不确定程度较高的情境下，项目内在特征对投资时机和钻井数量的影响作用更明显。

研究启示：近年来，国内天然气供需矛盾日益突出，对外依存度逐年攀升。页岩气规模化商业性开发对保障我国能源供应、缓解天然气供应压力、优化能源结构，以及促进经济增长具有重要的战略意义。根据以上研究结果，可得到如下启示加速实现我国页岩气规模化商业性开发。①早期推出优质页岩气区块可以起到降低页岩气开发投资门槛的作用，吸引更多的企业参与到页岩气开发中来，加速推进我国页岩气开发进程。根据专家访谈信息，优质页岩气区块往往具较高的资源丰度和较小的产气量递减率。根据研究结果，产气量递减率越小和初始采气率越高，越能更早地触发投资，而且需要投资的页岩气井数量也越少。如此一来，开发企业需要进行前期投入的沉没总成本也就越小。之前被巨大产能沉没成本拒之门外的开发企业就有能力去投资开发页岩气。②加强技术学习与技术创新也能起到降低页岩气开发投资门槛，促进页岩气规模化开发的作用。对涪陵页岩气田的实地调研发现，技术体系不成熟、技术成本高昂是页岩气井成本大幅度高于常规油气井的主要原因。学习国外先进技术与开展技术难点攻关是迅速降低页岩气钻井成本、提高钻井成功率的有效途径。根据研究结果，钻井成本越小和钻井成功率越高，越能更早地触发投资。

第6章　页岩气开发项目投资激励策略研究

本书第 3 章对页岩气开发项目的投资价值进行了评估，第 4 章和第 5 章在假定评价结果显示投资可行的前提下，基于开发企业角度探讨了不确定环境下页岩气项目的投资时机及规模选择问题。考虑到市场需求不确定性风险及前期的巨额投入，即便页岩气开发项目投资经济可行，推迟投资而不是立即投资或许对开发企业来说是一个更好的选择（等待可能获得更多有价值的新信息）。因此，本章基于政府角度继续讨论如果开发企业的投资时机晚于政府期望，政府应该如何相机选择激励策略，并制定合理的激励水平促使开发企业按照政府规划投资，以期为政府制定或调整页岩气开发投资激励政策提供有益参考。

6.1　引　　言

我国页岩气开发投资激励政策效果不明显，有待进一步调整。随着能源消费结构的不断调整及低碳发展战略的逐步实施，我国天然气需求不断增加，对外依赖度逐年攀升，到 2014 年我国天然气对外依存度已经高达 31.7%。页岩气作为一种清洁、低碳、高效的非常规天然气资源，其广阔的开发前景为保障能源安全、优化能源结构、缓解天然气供需矛盾及降低碳排放点燃了希望。北美水平钻井和水力压裂等系列技术的成功应用和推广，已使获取页岩气资源在技术和经济上变得可行。针对页岩气开发在国内属于新领域，具有投入大、风险高、投资回报期长等难点，政府先后出台并落实多项产业政策和开发激励政策：2012 年 3 月，国家发改委、财政部、国土资源部、国家能源局发布《页岩气发展规划（2011-2015 年）》（发改能源〔2012〕612 号）；2012 年 10 月，国土资源部发布《关于加强页岩气资源勘查开采和监督管理有关工作的通知》（国土资发〔2012〕159 号）；2012 年 11 月财政部和国家能源局《关于出台页岩气开发利用补贴政策的通知》（财建〔2012〕847 号）；2013 年 10 月国家能源局发布《页岩气产业政策》（国家能源局公告 2013 年第 5 号）；2015 年 4 月财政部和国家能源局发布《关于页岩气开发利用财政补贴政策的通知》（财建〔2015〕112 号）。这些政策不仅使页岩气成为中国油气开发史上第一个完全对民营企业开放的能源品种，还对中标企业投资开发页岩气给出明确的激励办法与标准。然而，国内两轮"热火朝天"的招标过后，页岩气开发投资仍频频遇冷，致使原本应该在 2013 年底启动的第三轮招标搁浅至今。

国外页岩气开发投资激励问题研究匮乏，国内还停留在产业政策建议层面。张定宇提出在页岩气产业发展的初期，国家亟须加快出台页岩气勘探开发中的土地、税费、基础设施、水资源利用等方面的扶持政策，这样才能促进我国页岩气产业快速发展。肖楠（2012）提出要加快页岩气产业的发展，必须打破行业垄断，鼓励和引导民间投资有序进入，形成多元竞争格局。相对于美国页岩气开发的扶持政策与投资环境，中国页岩气大规模商业化开发还需制定更具针对性的产业政策，并提出在天然气价格还未实现市场定价的当下，率先放开页岩气价格是国家为吸引页岩气开发而尝试的重要制度突破。在借鉴美国经验和结合我国国情的基础上，从政策、体系及设施等方面提出了中国社会资本参与页岩气开发实现规模化、商业化的相应对策和建议。上述研究成果在宏观层面为政府制定或调整页岩气开发投资激励政策指明了方向，但是欠缺微观层面问题的分析，如激励方式的选择、激励水平的设定或调整量等。

相关问题研究为政府激励页岩气开发项目投资提供了理论借鉴，但仍存在一些局限。基于投资期权价值的认知，借助于 Dixit 和 Pindyck（1994）建立的不确定条件下不可逆性投资的基本分析框架，通过多种方式减少项目收益的不确定性成为政府激励投资的有效手段。然而遗憾的是，政府激励执行成本及项目的外部性收益对政府激励策略选择的影响等问题却鲜有学者进行深入研究。

我国页岩气开发投资激励的现实情况和现有研究的不足，决定了有待从理论层面进一步探究政府激励页岩气开发项目的内在机理、剖析政府如何选择激励策略及设定激励水平等问题。

本章的研究内容安排如图 6-1 所示。

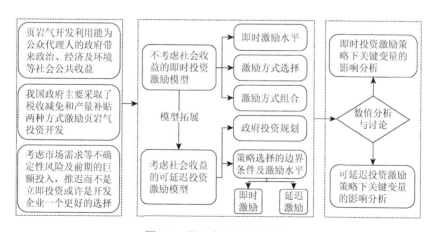

图 6-1　第 6 章研究内容安排

首先，基于政府和开发企业的价值评判和利益取向，运用实物期权中的最优停时理论，探究政府激励页岩气开发企业投资的内在机理。其次，根据我国已发布的页岩气开发投资激励政策，将投资激励划分为税收减免和产量补贴两种方式，在合理假设的前提下，论证给出政府即时和延迟激励策略选择的社会收益阈值条件，推导出开发企业按照政府规划投资的税收减免额度和产量补贴水平。最后，基于合理的参数设定，通过数值分析讨论当前市场需求水平、需求的不确定性，页岩气开发带来的社会收益和不利的突发事件等因素对政府激励水平和开发企业投资策略选择的作用机制，并依据模型推导和数值分析结果给出相应的管理启示或建议。

6.2　政府激励页岩气开发投资的内在机理

对能源消费大国而言，15 万～30 万亿立方米的页岩气资源是一个极具诱惑的资源宝库。实现页岩气产业化开发不仅可以带动基础设施建设、拉动相关行业和领域的发展，增加就业和税收，促进地方经济乃至国民经济的可持续发展，还可以提高我国天然气对外谈判的话语权和影响力。同时，开发利用页岩气有利于降低温室气体排放，保护生态环境。因此，对政府而言，立即开发利用页岩气资源是保障能源安全、推进能源多元清洁发展、培育战略性新兴产业的重要战略举措，也是缓解天然气供需矛盾、优化能源消费结构、降低碳排放、实现可持续发展的迫切需要。页岩气开发利用重要的战略意义及巨大的正外部效益是政府出台多项激励政策以期促使企业立即投资开发页岩气的根本动机。此外，成本困境可能也是页岩气开发利用需要政府激励的重要原因。由于开发难度大，页岩气生产成本普遍高于常规天然气，产品在价格上处于市场竞争弱势。政府通过减免税收、产量补贴等方式对页岩气这一战略性新兴产业进行扶持和引导是必不可少的。

对开发企业而言，利润最大化是其追求的最终目标，投资开发页岩气对其来说是一项权利而不是义务。页岩气开发前期投入大、技术新、回报期长的特点决定了页岩气开发项目具有更高的投资风险，要求开发企业在进行经济可行性评价环节充分考虑页岩气开发项目的不确定性和不可逆性带来的机会成本。即使页岩气开发项目是一项极具价值潜力的项目，考虑到来自于成本、地质、技术及市场需求等方面的不确定性对项目收益的冲击风险，推迟投资而不是立即投资或许是开发企业一个更好的选择。出于各自的价值评判和利益取向，在页岩气开发项目的投资时点选择上，政府规划与开发企业出现了分歧（图6-2）。

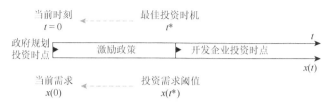

图 6-2　页岩气开发投资激励的内在机理

　　为了让开发企业按照政府规划的投资时点进行投资，政府需要出台如税收减免、产量补贴等方式的投资激励政策。这里存在一个潜在的事实，就是开发企业的投资时点晚于政府期望时点。原因在于页岩气开发利用能够产生正外部收益，否则政府无须实施任何投资激励措施。然而，政府期望的投资时点也许并不是开发企业愿意投资的时刻。因为在未来收益流不确定的情况下，开发企业拥有一个延迟投资的期权，而且这个期权是有价值的。正如 McDonald 和 Siegle（1987）所言，即使是中等程度的不确定性，实施某个项目的最优投资阈值可能还是要高于传统 NPV 准则所给出的阈值。因此，即使是 NPV＞0 的项目，延迟投资应该是一个最优的决策。所以，政府给予开发企业激励措施时必须认识到：如果开发企业按照政府规划在非最优时点进行投资，延迟投资的权利受到限制会产生一定的机会成本，等价于开发企业失去延迟期权的价值损失。为了弥补开发企业提前投资而破坏价值最大化投资准则所产生的价值损失，政府需要设计并实施相应的激励措施予以补偿。而且，所采用的激励机制至少使 NPV 等于零，否则将失去激励的有效性。本书认为对于页岩气开发项目的投资激励，政府应该认识到开发企业延迟期权价值的存在，其所设计的激励机制不仅能够确保开发企业立即投资的 NPV 大于等于零，而且还应该能够补偿开发企业放弃延迟期权的价值损失。当然，政府也可以通过和投标企业签订不允许开发企业推迟投资，"要么现在开发，要么永远不能开发"（now or never）的强制性协议，达成页岩气资源被立即投资开发的目的。然而，对于追求收益的开发企业而言，此举将会产生两种结果，其一是极大降低开发企业参与竞标的积极性，导致鼓励开发企业参与页岩气资源开发投资的战略目的落空；其二就是以一个较低的中标价为代价完成授权，导致所有权价值的损失。

6.3　页岩气开发项目即时投资激励策略研究

6.3.1　研究的基本假定

　　页岩气是一种非常规天然气，和天然气属于同质产品，具有完全替代性。因

此，页岩气的市场需求将由天然气市场需求所决定。根据以往学者对市场需求的描述，假设我国天然气反市场需求函数为

$$p(t) = x(t) - \alpha Q(t) \tag{6-1}$$

其中，$Q(t)$ 表示页岩气供给量；α 是大于零的常数，反映页岩气供给量对天然气价格的影响能力；$x(t)$ 表示天然气市场需求冲击，反映在其他情况不变条件下市场需求的大小。因市场需求受经济发展状况、替代能源价格波动、生态环境恶化程度等因素的影响，未来某一时刻市场需求量对投资者而言是不能准确预期的，存在很大的不确定性。

天然气市场需求运动规律的准确把握对于本节的分析框架至关重要。但是，如何定性地描述连续时间和连续状态下市场需求的随机过程形式，目前始终处于研究的盲点。在类似研究中，绝大多数学者都将其设定为几何布朗运动（GMB），这很可能是因为 GMB 可以捕捉到需求变动的一些重要特征，更可能的是因为 GMB 可以为模型带来解析解，从而有利于定性分析不确定性的影响。然而，许多实证研究对此提出质疑并指出资产收益分布表现出尖峰尾特征，收益实际分布相对于标准正态分布会表现出一个更高的顶峰和两个非对称的重平尾，并把这一实证结果称为期权市场上的"波动率微笑"（volatility smile）现象。产生这种现象主要是因为受突发事件的影响，资产价格运动的随机过程呈现出一种不规则的跳跃。

从我国天然气消费量同比增长率（图 6-3）可以发现，我国天然气消费量有不断增加的趋势，而且存在向上或者向下的不连续跳跃。这些跳跃可能是由突发事件（如替代能源价格暴跌、发生经济危机、异常气候等因素）的影响造成的。

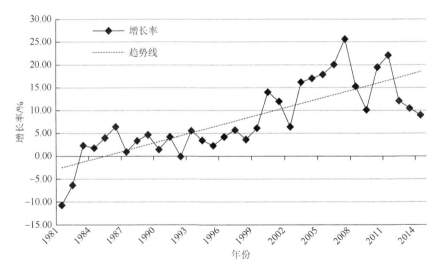

图 6-3　我国天然气消费量同比增长率

数据来源：中国石油经济技术研究院

从理论上讲，几何布朗运动过程变量不允许有向上或者向下的不连续跳跃存在。然而，这样的跳跃在实际中又确实存在，所以考虑在几何布朗运动中加入一些随机的跳跃作为新的天然气需求冲击模型，这可能会更加准确地刻画需求冲击变动过程。因此，本书在 Armada 等（2012）在市场需求变动过程服从几何布朗运动的基础上考虑突发事件的影响，引入跳跃-扩散过程将天然气未来需求运动过程描述如下：

$$dx(t) = \mu x(t)dt + \sigma x(t)dw(t) - x(t)d\eta \tag{6-2}$$

其中，μ 表示需求的期望增长率；σ 表示需求瞬时波动；$dw(t)$ 表示维纳过程的增量；η 表示泊松过程；$d\eta$ 表示泊松过程中的增量，其满足 $d\eta = 0$ 的概率为 $1 - \varphi t$，$d\eta = \varphi$ 的概率为 λt；λ 表示天然气市场遭遇突发事件造成重大变动这一事件发生的频率；φ 为跳跃度，表示当意外发生时天然气需求下降的百分比，其范围为 $\varphi \in [0,1]$；dz 和 dq 是独立的，即 $E(dzd\eta) = 0$。此时，$x(t)$ 的预期变化率不是 μ，而是 $\mu - \lambda\theta$，因为在每一个时间间隔 dt 内，$x(t)$ 变动 100%的概率为 λdt。预期波动率不是 σ，而是 $\sqrt{\sigma^2 + \lambda\theta^2}$。为了使本章保持与前文在参数设置上的一致性，不妨仍令 μ 和 σ 分别表示考虑突发事件影响后市场需求的期望增长率和波动率。

如果开发企业单位运营成本，也就是边际产出的采气、运输所产生的成本为 c，并认为开发企业在运营阶段可通过开展稳定增产技术稳定供气，即 $Q(t) = q$，则开发企业单位时间的利润流为

$$\pi(t) = [p(t) - c]q(t) = [x(t) - \alpha q - c]q \tag{6-3}$$

满足以上条件，风险中性开发企业投资页岩气开发项目可描述为式（6-4）所示的随机最优停时问题。

$$\max_{t^* \geqslant 0} E\left(e^{-rt^*} \left\{ \int_0^T e^{-r\tau} [x(t) - \alpha q - c]qd\tau - I \right\} \right) \tag{6-4}$$

其中，E 表示页岩气开发项目投资后的期望收益；t^* 表示开发企业停止等待触发投资的时刻，此时对应的页岩气市场需求水平 $x(t^*)$ 表征最优投资时机，即投资阈值，下文用 x^* 表示；T 表示页岩气开发项目可开采年限，为了便于运算，不妨假设 T 足够大；I 表示开发成本。

6.3.2 即时投资激励机制

若上述假设成立，由 Dixit 和 Pindyck 标准实物期权理论，可得到如下命题。

命题 6-1：满足前提假设，如果 $x^* > x(0)$，开发企业当前投资需要政府激励；如果 $x^* \leqslant x(0)$，无须政府激励，立即投资将自发实现，其中，$x^* = \dfrac{\beta_1 \delta}{\beta_1 - 1}$ $\cdot \left(\dfrac{\alpha q + c}{r} + \dfrac{I}{q} \right)$，且需满足 $\beta_1 > 1$。

证明： 由 Dixit 和 Pindyck 标准实物期权理论，开发企业持有页岩气开发项目的投资期权价值 $F(x)$ 满足微分方程（6-5）。

$$\frac{1}{2}\sigma^2 x^2 F''(x) + (r-\delta)xF'(x) - (r+\lambda)F(x) + \lambda F(x)[(1-\theta)x] = 0 \quad （6-5）$$

其中，$r > \alpha$（否则中标企业将永远等待而不投资）表示无风险贴现率；$\delta = r - \alpha$，表示开发企业推迟投资而保持投资期权有活力的机会成本。该微分方程具有如式（6-6）形式的通解。

$$F(x) = A_1 x^{\beta_1} + A_2 x^{\beta_2} \quad （6-6）$$

其中，A_1 和 A_2 表示系数，$\beta_1 > 1$ 和 $\beta_2 < 0$ 表示式（6-7）的两个根。

$$\frac{1}{2}\sigma^2 \beta(\beta-1) + (r-\delta)\beta - (r+\lambda) + \lambda(1-\theta)^{\beta} = 0 \quad （6-7）$$

此外，$F(x)$ 还需满足如下边界条件：

$$\begin{cases} F(0) = 0 & \text{(i)} \\ F(x^*) = \dfrac{qx^*}{\delta} - \dfrac{\alpha q^2 + cq}{r} - I & \text{(ii)} \\ F'(x^*) = \dfrac{q}{\delta} & \text{(iii)} \end{cases} \quad （6-8）$$

边界条件 (i) 表明当 x 趋于零时，其上升到投资临界值的可能性也几乎为零，而此时期权价值应该为零，即 $\lim\limits_{x \to 0} F(x) = 0$。由于 $\beta_2 < 0$，为了确保这一点，必须有 $A_2 = 0$。通过边界条件 (ii) 和 (iii) 可得价值匹配和平滑粘贴条件如下：

$$\begin{cases} A_1 (x^*)^{\beta_1} = \dfrac{qx^*}{\delta} - \dfrac{\alpha q^2 + cq}{r} - I \\ \beta_1 A_1 (x^*)^{\beta_1 - 1} = \dfrac{q}{\delta} \end{cases} \quad （6-9）$$

对式（6-9）求解可得开发企业最优投资时刻对应的需求水平阈值 x^*。这表明，在无任何激励措施的情况下，开发企业将会选择在市场需求达到 x^* 的时刻进行投资。Armada 等（2012）从政府角度出发，通过设计最优的激励合约，引导非政府投资者在非最佳投资时点（当前时刻）执行投资期权，从而满足政府追求项目立即实施带来的正外部效应。按照 Armada 等的研究，如果 $x^* > x(0)$，政府需要激励；如果 $x^* \leq x(0)$，政府无须激励，立即投资将自发实现。

6.3.3　即时投资激励水平

本书将即时投资激励水平定义为政府实施激励水平能够满足开发企业立即投资的价值要求。根据价值最大化原则，只有天然气市场需求达到最佳投资时机对

应的需求冲击阈值 x^* 时，才能触发开发企业进行投资。通常 x^* 的值要高于 NPV 准则所要求的需求冲击水平。因此，除非当前需求水平 $x(0) > x^*$，否则开发企业将推迟投资。假设从政府角度立即投资是最优的，那么页岩气开发所产生的政治、经济及环境收益能够触发政府在当前需求水平下做出立即投资的战略规划。为了实现立即投资的战略目标，政府需要提供激励措施消除开发企业因为立即投资而失去延迟期权的价值损失。根据我国已发布的页岩气开发投资激励政策，可将激励方式分为税收减免和产量补贴两种，下文将给出政府实施税收减免和产量补贴政策促使开发企业当前市场水平下立即投资的最优激励水平。

1. 税收减免额度

如果政府试图通过税收减免来激励中标开发企业立即有效投入到页岩气开发中，则税收减免的目标是降低触发投资的需求阈值水平 x^* 的值直到当前的需求水平，即 $x(0) = x^*$。假设当政府税收减免总额为 S_T^* 时，当前需求冲击水平 $x(0)$ 能够触发开发企业立即投资行为，则 S_T^* 应为政府最优税收减免总额，可视为政府采取税收减免方式实现激励目标的最小激励成本。若将政府税收减免总额视为 $x(t)$ 的函数，即 $S_T(x)$，则政府最优税收减免额为 $S_T^*(x)$。当 $S_T(x) > S_T^*(x)$ 时，将会造成市场混乱，极易出现过度投资现象；当 $S_T(x) < S_T^*(x)$ 时，将会导致政策失灵，可能会出现投资不足；只有当 $S_T(x) = S_T^*(x)$ 时，即政府税收减免力度正好满足开发企业立即投资的价值要求时，政府提供的税收减免才是最优的。这种情况下，可视为税收减免之前的最优投资时机对应的需求水平 x^* 将被当前需求水平 $x(0)$ 所取代，同时投资成本 I 可视为转变成 $I - S_T^*(x)$，且此时开发企业仍然以既定供气量 q 进行生产，且为了区别下文政府开发投资成本，令 I_{NG} 表示企业投资成本。由上述分析并通过模型求解可得如下定理。

命题 6-2：如果政府实施税收减免政策，则最优税收减免水平由式（6-10）给出。

$$S_T^*(x) = \begin{cases} I_{NG} - \dfrac{(\beta_1 - 1)}{\beta_1} \dfrac{qx}{\delta} + \dfrac{\alpha q^2 + cq}{r} & \text{if } x < x^* \\ 0 & \text{if } x \geq x^* \end{cases} \tag{6-10}$$

证明：如果政府实施税收减免政策，且按最优标准进行减免，则式（6-9）的价值匹配和平滑粘贴条件变换为

$$\begin{cases} A_1(x)^{\beta_1} = \dfrac{qx}{\delta} - \dfrac{\alpha q^2 + cq}{r} - I_{NG} + S_T^* \\ \beta_1 A_1(x)^{\beta_1 - 1} = \dfrac{q}{\delta} \end{cases} \tag{6-11}$$

由式（6-11）可得当前需求水平表达式为

$$x(0) = \frac{\beta_1 \delta}{\beta_1 - 1} \left(\frac{\alpha q + c}{r} + \frac{I_{NG} - S_T^*}{q} \right) \qquad (6-12)$$

由于当前需求冲击水平 $x(0)$ 可观测，所以通过式（6-12）对 S_T^* 求解可得政府最优税收减免标准。证毕。

命题 6-2 表明，在当前市场需求水平小于无激励情况下的投资阈值时，政府若要实施税收减免政策以促使开发企业在当前时刻立即投资开发页岩气，则需要减免的税收总额应为 $I_{NG} - \frac{(\beta_1 - 1)}{\beta_1} \frac{qx}{\delta} + \frac{\alpha q^2 + cq}{r}$；在当前市场需求水平大于或等于投资阈值时，开发企业将立即投资开发页岩气，政府无须进行税款减免，税收减免额度应为零。

2. 产量补贴水平

如果政府试图通过产量补贴来激励开发企业立即有效投入到页岩气开发中，按每单位产量补贴 p_S 的标准进行激励，则实施这种激励政策相当于中标开发企业提供单位需求的收益由补贴前的 $[p(t) - c]$ 变成补贴后的 $[p(t) + p_S - c]$。这项政策的目标仍然是减小触发投资的需求阈值水平 x^* 的值直到当前的需求水平，即 $x(0) = x^*$。在没有其他激励措施实施的前提下，如果当政府产量补贴标准为 p_S^* 时，当前需求水平 $x(0)$ 能够触发开发企业立即投资行为，则 p_S^* 是政府通过产量补贴方式实现激励目标的最优激励标准。若将政府单位产量补贴视为需求水平 $x(t)$ 的函数，即 $p_S(x)$，则政府最优产量补贴标准应为 $p_S^*(x)$。当政府产量补贴额大于或小于最优补贴额时，同样会引发过度投资或投资不足。当 $p_S(x) = p_S^*(x)$ 时，即政府产量补贴力度正好满足开发企业立即投资的价值要求时，政府给予的产量补贴才是最优的。此时，产量补贴前的最优投资时机对应的需求水平 x^* 将被当前需求水平 $x(0)$ 所取代，同时利润流 $\pi(t) = [p(t) - c]q$ 可视为转变成 $[p(t) + p_S^*(x) - c]q$，而且此时的产能规模依然是 q。由上述分析并通过模型求解可得如下命题。

命题 6-3：如果政府实施产量补贴政策，则最优产量补贴标准由式（6-13）给出。

$$p_S^*(x) = \begin{cases} \alpha q + c + r \left[\frac{I_{NG}}{q} - \frac{(\beta_1 - 1)}{\beta_1} \frac{x}{\delta} \right] & \text{if } x < x^* \\ 0 & \text{if } x \geq x^* \end{cases} \qquad (6-13)$$

证明：如果政府实施产量补贴政策，且按最优标准进行补贴，则式（6-9）的价值匹配和平滑粘贴条件变换为

$$\begin{cases} A_1(x)^{\beta_1} = \dfrac{qx}{\delta} - \dfrac{\alpha q^2 + cq - p_S^* q}{r} - I_{NG} \\ \beta_1 A_1(x)^{\beta_1-1} = \dfrac{q}{\delta} \end{cases} \quad (6\text{-}14)$$

由式（6-14）可得当前需求水平表达式为

$$x(0) = \frac{\beta_1 \delta}{\beta_1 - 1}\left(\frac{\alpha q + c - p_S^*}{r} + \frac{I_{NG}}{q} \right) \quad (6\text{-}15)$$

同样由于当前需求冲击水平 $x(0)$ 可观测，所以通过式（6-15）对 p_S^* 进行求解可得政府最优产量补贴标准。证毕。

命题 6-3 表明，如果当前天然气市场需求水平小于无激励情况下的投资阈值，政府采用产量补贴方式来激励开发企业立即投资开发页岩气，单位产量补贴标准应为 $\alpha q + c + r\left[\dfrac{I_{NG}}{q} - \dfrac{(\beta_1 - 1)}{\beta_1}\dfrac{x}{\delta}\right]$。如果当前市场需求水平大于或等于投资阈值，则不需要政府进行激励，每单位产量补贴自然为零。

由命题 6-3 并通过模型求解可得如下推论。

推论 6-1：如果政府实施产量补贴政策，政府应该补贴持有页岩气开发项目的开发企业激励成本为 W_S^*。

$$W_S^* = \begin{cases} \dfrac{1}{\alpha}\ln\left(\dfrac{x^*}{x}\right)\left\{\alpha q^2 + cq + r\left[I_{NG} - \dfrac{(\beta_1 - 1)}{\beta_1}\dfrac{qx}{\delta}\right]\right\} & \text{if } x < x^* \\ 0 & \text{if } x \geq x^* \end{cases}$$

$$(6\text{-}16)$$

证明：由式（6-2）可知，未来某一时刻的市场需求期望水平按照假设的运动规律可被表述为

$$E[x(t)] = x(0)e^{\mu t} \quad (6\text{-}17)$$

由式（6-17）可得从初始时刻（当前时刻）的需求水平运动至无激励情况下开发企业投资需求阈值的期望时间 t^* 为

$$t^* = \frac{1}{\alpha}\ln\left[\frac{x^*}{x(0)}\right] \quad (6\text{-}18)$$

结合命题 6-3 和式（6-18）及不变产出假设，即可得政府实施产量补贴政策应该支付的最优激励成本。证毕。

推论 6-1 说明，当市场需求水平小于投资阈值时，如果政府实施产量补贴政

策，且按最优产量补贴标准 p_S^* 进行激励，则政府需要支付民营开发企业的激励成本总额为 $\dfrac{1}{\alpha}\ln\left(\dfrac{x^*}{x}\right)\left\{\alpha q^2 + cq + r\left[I_{NG} - \dfrac{(\beta_1-1)}{\beta_1}\dfrac{qx}{\delta}\right]\right\}$，而当市场需求水平大于或等于投资阈值时，开发企业无须激励，激励成本为零。

6.3.4　即时激励方式选择

根据实物期权理论，只有当前需求水平不能触发开发企业立即投资，即 $x(0) < x^*$ 的情况下，才需要政府进行投资激励。因此，由命题 6-2 和推论 6-1 可得如下推论。

推论 6-2：满足前提假设，政府实施税收减免或产量补贴政策，在模型运算层面，政府激励执行成本无差异边界条件可由式（6-19）给出。

$$I_{NG} - \frac{(\beta_1-1)}{\beta_1}\frac{qx}{\delta} + \frac{\alpha q^2 + cq}{r} = \frac{1}{\alpha}\ln\left(\frac{x^*}{x}\right)\left\{\alpha q^2 + cq + r\left[I_{NG} - \frac{(\beta_1-1)}{\beta_1}\frac{qx}{\delta}\right]\right\}$$

$$(6\text{-}19)$$

推论 6-2 说明，当天然气市场需求水平小于投资阈值时，如果税收减免总额和产量补贴总额满足式（6-29），那么政府实施税收减免政策和产量补贴政策所支付的激励成本是一样的。

不失一般性，式（6-19）有两个解。很明显，其中一个解为 $x_1 = x(0)$，表示当前需求水平正好满足开发企业价值最大化的投资准则所要求的需求水平。此时 $S_T^*(x) = W_S^* = 0$ 满足式（6-19）。如果另一个解存在，则满足 $x_2 < x^*$，即在需要激励的某个需求水平下，政府采取税收减免和产量补贴所支付的最优成本是一样的。

如果式（6-19）仅有一个解，即 $x = x^*$，则政府激励的最优策略应该是只实施税收减免策略，给予开发企业减免的税收总额由命题 6-3 给出。因为在这种情况下，$S_T^*(x) < W_S^*$，即实施税收减免政策的执行成本小于产量补贴政策。如果受财税预算等原因约束，政府当前只能给予的税收减免额为 S_T，$S_T < S_T^*$，那么在当前需求水平下的税收减免依然不能触发开发企业立即投资。因此，由上述分析并通过简单参数替换求解可得如下命题。

命题 6-4：满足前提假设，如果政府可出让的最大税收减免总额 $S_T < S_T^*$，则开发企业仍然需要政府实施产量补贴 $p_{S_1}^*$ 才能促发其立即投资。其中，政府需要提供的产量补贴水平为 $p_{S_1}^* = qI_{NG} + c - r\left(\dfrac{(\beta_1-1)}{\beta_1}\dfrac{x}{\delta} - \dfrac{I_{NG} - S_{T_1}}{q}\right)$。

命题 6-4 说明，在当前需求水平下政府只能给予的最大税收减免额度为 S_T，但是此额度依然不能满足开发企业立即投资的收益要求，那么税收减免后政府仍需要进行产量补贴，补贴的水平为 $p_{S_1}^*$。

如果式（6-19）有两个解，政府的最优激励策略需要判定当前需求水平 $x(0)$ 与式（6-19）的解 x_2 的大小。当 $x(0) \leqslant x_2 < x^*$ 时，政府最优激励策略由定理 5-4 给出，这是因为在这种情况下，实现开发企业立即投资的税收减免成本小于产量补贴总额。当 $x^* > x(0) > x_2$ 时，由式（6-19）可知政府实施产量补贴所支付激励成本小于税收减免政策。所以这种情况下，政府应该只实施产量补贴政策以节约财政支出。此时，给予开发企业的单位产量补贴标准由命题 6-3 给出，最优激励成本由推论 6-1 给出。如果政府当前财政预算资金充裕，可直接选择单位产量补贴标准为 p_S^* 的激励策略。如果受财政补贴预算约束等原因，政府当前只能提供单位产量补贴标准为 p_S，即 $p_S < p_S^*$，那么当前需求冲击并不能触发投资。由上述分析并通过简单参数替换求解可得如下命题。

命题 6-5：满足前提假设，如果政府可给出的最高补贴水平 $p_S < p_S^*$，则开发企业仍然需要政府提供税收减免额 $S_{T_1}^*$ 才会立即投资，否则会选择延迟投资。其中，政府需要提供的税收减免总额为 $S_{T_1}^*(x) = I_{NG} - \dfrac{(\beta_1 - 1)}{\beta_1} \dfrac{xq}{\delta} + \dfrac{(\alpha q + c - p_{S_1})q}{r}$。

命题 6-5 说明，当前需求水平下政府能提供的最高产量补贴水平为 p_S，但是此补贴标准仍然不能满足开发企业立即投资的目的要求，那么产量补贴后政府仍需要实施税收减免政策，减免的额度为 $S_{T_1}^*(x)$。

6.4　页岩气开发项目可延迟投资激励策略研究

本书将可延迟激励定义为政府给予开发企业的激励水平不一定满足其在当前时刻投资的价值要求。如果作为公众代理人的政府在页岩气项目立即投资运营中的收益不能弥补开发企业立即投资的激励成本支出，那么立即投资将不是政府最优的选择。学者的研究也表明政府受公共预算约束更愿意推迟执行项目协议有关义务。因此，激励开发企业按照政府规划在最优时点进行投资，这个最优时点往往不一定是当前时刻。本书将这种情况下的政府激励策略称为可延迟激励策略。

激励结构必须能够弥补非政府投资者失去延迟期权的价值，并假设从政府视角立即投资是最优的，意味着政府从项目立即投资中获取的收益至少能够补偿激励成本。因此，如果政府在项目立即投资运用中的收益不能弥补私人投资者立即投资的激励成本支出，政府该如何设计最优激励合约的问题将得不到解决。

政府实施税收减免或产量补贴等方式的投资激励政策，是为了实现特定的社会目标，而采用矫正性的措施来实现正外部效应的内在化，主要着眼于私人边际效益的调整。页岩气开发利用带来的政治、经济及环境效益是政府迫切需要的，然而开发企业根据不确定条件下项目价值最大化投资准则，选择等待而不是立即投资或按照政府规划提前投资。页岩气开发项目投资产生的社会公共收益大于失去延迟投资期权的价值损失，政府作为社会公众的代理人，才有动机去实施相应的激励措施来补偿延迟期权的价值损失。基于此，笔者对 Armada 等（2012）设计的激励机制进行了拓展。即当 $x_{NG}^* > x(0) \geqslant x_G^*$ 时，政府选择在当前需求水平激励开发企业投资页岩气开发项目；$x(0) < x_G^* < x_{NG}^*$ 时，政府为了弥补激励成本支出，会选择在将来某一时点（政府规划投资时点）触发页岩气开发企业投资。由页岩气开发项目即时投资激励机制设计部分可知，开发企业在无激励情况下的投资时机为 $x_{NG}^* = \dfrac{\beta_1 \delta}{(\beta_1 - 1)}\left(\dfrac{\alpha q + c}{r} + \dfrac{I_{NG}}{q}\right)$，其中，$x_{NG}^* > x_G^*$，否则不需要政府激励。

6.4.1　政府投资规划

由上述分析可知，在可延迟激励的情况下，政府在投资规划中需要认识到激励的机会成本并准确评估项目的正外部收益。在设计社会资本参与页岩气开发的激励契约中，政府需要考虑投资的不确定性和不可逆性特征，也需要评估页岩气开发项目产生的正外部性收益，以便制定最优的投资规划和有效的激励水平。本书将政府投资规划定义为：页岩气开发项目由政府投资主体（国有企业或政府代理者）来实施。基于不同投资主体的价值判断，对上述模型进行修正，可得到各自目标诉求下的投资决策准则。对政府而言，如果页岩气开发项目不能得到立即启动，将不能获得页岩气开发利用带来的正外部收益，直到项目完工并开始运营。这等价于页岩气开发项目延迟启动将会产生持续的社会收益损失，损失的大小由政府根据当前环境（国际政治、国内经济及市场等）对其评估的结果来决定。如果社会收益损失被认为是可接受的水平，政府应该考虑推迟投资。通过权衡立即投资的公共收益与等待投资的价值，可以得到触发政府激励的需求阈值。

命题 6-6：满足前提假设，并设定政府评估页岩气开发项目立即实施可获取的社会收益为 w_G，则政府的投资规划由式（6-20）给出。

$$x_G^* = \begin{cases} \dfrac{\beta_1\delta}{\beta_1-1}\left(\dfrac{\alpha q+c}{r}+\dfrac{I_G}{q}-\dfrac{w_G}{rq}\right) & \text{if } w_G < w^* \\ x(0) & \text{if } w_G \geqslant w^* \end{cases} \quad (6\text{-}20)$$

其中，I_G 表示政府开发页岩气需要支付的沉没成本。

证明： 政府持有页岩气开发项目的投资期权价值 $F_G(x)$ 满足微分方程：

$$\frac{1}{2}\sigma^2 x^2 F_G''(x)+(r-\delta)xF_G'(x)-(r+\lambda)F_G(x)+\lambda F_G(x)x-w_G=0 \quad (6\text{-}21)$$

其中，式（6-21）齐次部分有如式（6-22）形式的通解：

$$F_G^H(x)=A_3 x^{\beta_1}+A_4 x^{\beta_2} \quad (6\text{-}22)$$

式（6-21）非齐次部分的特解由式（6-23）给出：

$$F_G^N(x)=-\frac{w_G}{r} \quad (6\text{-}23)$$

结合齐次部分通解和非齐次部分特解，可得偏微分方程（6-21）的通解：

$$F_G(x)=A_3 x^{\beta_1}+A_4 x^{\beta_2}-\frac{w_G}{r} \quad (6\text{-}24)$$

同样，$F_G(x)$ 还需满足式（6-9）的边界条件。由边界条件 (i) 可得出 $A_4=0$，由边界条件 (ii) 和 (iii) 可得新的价值匹配和平滑粘贴条件：

$$\begin{cases} A_3(x^*)^{\beta_1}-\dfrac{w_G}{r}=\dfrac{qx^*}{\delta}-\dfrac{\alpha q^2+cq}{r}-I_G \\ \beta_1 A_3(x^*)^{\beta_1-1}=\dfrac{q}{\delta} \end{cases} \quad (6\text{-}25)$$

对方程组（6-25）求解可得政府期望的最优投资时刻对应的天然气市场需求冲击为 $x_G^*=\dfrac{\beta_1\delta}{\beta_1-1}\left(\dfrac{\alpha q+c}{r}+\dfrac{I_G}{q}-\dfrac{w_G}{rq}\right)$。证毕。

6.4.2　激励策略选择的边界条件

命题 6-6 说明，如果页岩气开发项目由政府来实施，政府根据页岩气项目开发的项目收益和外部性公共收益，将会在市场需求达到 $x_G^*=\dfrac{\beta_1\delta}{\beta_1-1}\left(\dfrac{\alpha q+c}{r}+\dfrac{I_G}{q}-\dfrac{w_G}{rq}\right)$ 时进行投资开发。当 $w_G < w^*$ 时，政府应该选择延迟激励策略，即在未来某个更高的需求水平下激励开发企业进行投资。当 $w_G \geqslant w^*$ 时，政府应该选择即时激励策略，即在当前需求水平下激励开发企业立即投资。

由命题 6-6 可得如下推论。

推论 6-3：满足前提假设，决定政府是采用即时激励策略还是延迟激励策略边界条件，即社会收益阈值 $w_G^* = \alpha q^2 + cq + r\left\{ I_G - \left(\dfrac{\beta_1 - 1}{\beta_1} \right) \dfrac{qx(0)}{\delta} \right\}$。

证明：如果 $x_G^* = x(0)$，则表示政府期望当前需求水平下立即投资，将其替换 x_G^* 并对 w_G 求解整理可得。证毕。

假设政府评估的社会收益为 w_G，结合推论 6-1 可进一步得出如下推论。

推论 6-3-1：满足前提条件，当 $w_G \geqslant w_G^*$ 时，意味着页岩气开发项目能够产生持续的公共收益，正好满足或超出政府所支付的激励成本，政府可采取即时投资激励策略，在当前需求水平下触发开发企业立即投资页岩气开发项目。

推论 6-3-2：满足前提条件，当 $w_G < w_G^*$ 时，意味着页岩气开发项目能够产生持续的公共收益，不能满足政府激励成本支出，政府应该采取延迟投资激励策略，政府推迟激励，直到 $w_G = w_G^*$ 时才实施激励。

6.4.3 可延迟投资激励水平

页岩气开发利用产生的正外部效益是政府出台多项激励政策的根本动机。无论是税收减免还是产量补贴，政府实施激励政策的目的都是希望开发企业按照政府规划进行投资以最大化外部收益。在需求不确定的条件下，政府的最优激励策略实现的条件是激励实施后开发企业投资时机等于政府期望的最佳投资时刻。当然，在没有任何激励的情况下，开发企业投资时机小于政府期望，开发企业投资将自发实现而无须激励。根据政府期望的投资时机和非政府投资者的实际投资时机，可推导出税收减免和产量补贴两种激励方式下的政府最优激励水平。

1. 税收减免额度

命题 6-7：满足前提假设，可延迟激励策略下，政府采取税收减免政策下的最优激励模型由式（6-26）给出。

$$S_T^* = \begin{cases} \dfrac{w_G}{r} - (I_G - I_{NG}) & \text{if } w_G < w_G^* \\[2mm] \left(\dfrac{\alpha q^2 + cq}{r} \right) + (I_G - I_{NG}) - \dfrac{\beta_1 - 1}{\beta_1} \dfrac{x(0)q}{\delta} & \text{if } w_G \geqslant w_G^* \end{cases} \quad (6\text{-}26)$$

其中，I_{NG} 表示非政府投资主体，也就是企业投资开发页岩气需要支付的沉没成本。

证明：对于非政府投资主体而言，当政府实施税收减免政策，等价于减少了初期投资成本。设 S_T^* 为最优税收补贴总额，则激励后非政府投资者初期投入成本由 I_{NG} 降为 $(k_{NG} - S_T^*)$。而此时开发企业仍然以既定的产能规模 q 进行开采。据此，式（6-10）的价值匹配和平滑粘贴条件则转变为

$$\begin{cases} A_1(x)^{\beta_1} = \dfrac{qx}{\delta} - \dfrac{\alpha q^2 + cq}{r} - (I_{NG} - S_T^*) \\ \beta_1 A_1(x)^{\beta_1 - 1} = \dfrac{q}{\delta} \end{cases} \tag{6-27}$$

由式（6-27）可得开发企业最优投资时刻对应的天然气市场需求水平为

$$x_{NGT}^* = \frac{\beta_1 \delta}{\beta_1 - 1} \left(\frac{\alpha q + c}{r} + \frac{I_{NG} - S_T^*}{q} \right) \tag{6-28}$$

其中，x_{NGT}^* 表示政府实施最优税收减免后开发企业需求冲击阈值。税收减免的目标是减小触发政府投资者的需求阈值水平 x_{NG}^* 直到政府期望的需求阈值水平，即 $x_{NG}^* = x_G^*$。所以，最优税收减免后应有 $x_{NGT}^* = x_G^*$。因此，结合式（6-20）和式（6-28）可知，当 $w_G < w_G^*$ 时有

$$\frac{\beta_1 \delta}{\beta_1 - 1} \left(\frac{\alpha q + c}{r} + \frac{I_G}{q} - \frac{w_G}{rq} \right) = \frac{\beta_1 \delta}{(\beta_1 - 1)} \left(\frac{\alpha q + c}{r} + \frac{I_{NG} - S_T^*}{q} \right) \tag{6-29}$$

当 $w_G \geqslant w_G^*$ 时，则有

$$x(0) = \frac{\beta_1 \delta}{\beta_1 - 1} \left(\frac{\alpha q + c}{r} + \frac{I_{NG} - S_T^*}{q} \right) \tag{6-30}$$

对式（6-29）和式（6-30）整理可得出政府采取税收减免政策下的最优激励模型。证毕。

命题 6-7 说明在可延迟激励策略下，政府采取税收减免对开发企业进行激励，当政府评估页岩气开发项目正外部公共收益小于社会收益阈值时，政府需要提供的税收减免额度为 $\dfrac{w_G}{r} - (I_G - I_{NG})$，当政府评估的正外部公共收益大于等于社会收益阈值时，政府应当提供的税收减免额度为 $\left(\dfrac{\alpha q^2 + cq}{r} \right) + (I_G - I_{NG}) - \dfrac{\beta_1 - 1}{\beta_1} \dfrac{x(0)q}{\delta}$。

2. 产量补贴水平

命题 6-8：满足前提假设，在可延迟激励策略下，政府采取产量补贴政策下的最优激励模型由式（6-31）给出。

$$p_S^* = \begin{cases} \dfrac{1}{q}[w - r(I_G - I_{NG})] & \text{if } w_G < w_G^* \\[3mm] \alpha q + c + r\left(\dfrac{I_G - I_{NG}}{q} - \dfrac{(\beta_1 - 1)}{\beta_1}\dfrac{x(0)}{\delta}\right) & \text{if } w_G \geqslant w_G^* \end{cases} \tag{6-31}$$

证明： 对于开发企业而言，政府实施产量补贴政策，相当于增加了页岩气开发项目价值。设 p_S^* 为最优产量补贴水平，则政府实施产量补贴政策后的项目价值由式（6-32）给出。

$$V_{NGP}(x) = \frac{qx}{\delta} - \frac{\alpha q^2 + cq - p_S^* q}{r} \tag{6-32}$$

据此，式（6-10）的价值匹配和平滑粘贴条件则变换为

$$\begin{cases} A_1(x)^{\beta_1} = \dfrac{qx}{\delta} - \dfrac{\alpha q^2 + cq - p_S^* q}{r} - I_{NG} \\[3mm] \beta_1 A_1(x)^{\beta_1 - 1} = \dfrac{q}{\delta} \end{cases} \tag{6-33}$$

由式（6-33）可得产量补贴后开发企业最优投资时刻对应的天然气市场需求为

$$x_{NGP}^* = \frac{\beta_1 \delta}{\beta_1 - 1}\left(\frac{\alpha q + c - p_S^*}{r} + \frac{I_{NG}}{q}\right) \tag{6-34}$$

其中，x_{NGP}^* 表示政府实施最优产量补贴后开发企业的需求冲击阈值。产量补贴激励政策的目标是将触发企业开发需求的阈值减小到政府期望的水平。所以，最优产量补贴后应有 $x_{NGP}^* = x_G^*$。因此，结合式（6-20）和式（6-35）可知，当 $w_G < w_G^*$ 时有

$$\frac{\beta_1 \delta}{\beta_1 - 1}\left(\frac{\alpha q + c}{r} + \frac{I_G}{q} - \frac{w}{rq}\right) = \frac{\beta_1 \delta}{(\beta_1 - 1)}\left(\frac{\alpha q + c - p_S^*}{r} + \frac{I_{NG}}{q}\right) \tag{6-35}$$

当 $w_G \geqslant w_G^*$ 时，则有

$$x(0) = \frac{\beta_1 \delta}{\beta_1 - 1}\left(\frac{\alpha q + c - p_S^*}{r} + \frac{I_{NG}}{q}\right) \tag{6-36}$$

对式（6-35）和式（6-36）求解可得政府采取产量补贴方式下的最优激励模型。证毕。

命题 6-8 说明在可延迟激励策略下，政府采取产量补贴对开发企业进行激励，当政府评估页岩气开发项目正外部公共收益小于社会收益阈值时，政府需要提供

的补贴水平为 $\dfrac{1}{q}[w-r(I_{\text{G}}-I_{\text{NG}})]$，当政府评估的正外部公共收益大于等于社会收益阈值时，政府应当给予的补贴水平为 $\alpha q+c+r\left[\dfrac{I_{\text{G}}-I_{\text{NG}}}{q}-\dfrac{\beta_1-1}{\beta_1}\dfrac{x(0)}{\delta}\right]$。

6.5　数值分析与讨论

6.5.1　即时投资激励下关键影响因素分析

在即时投资激励政策下，政府激励成本的高低决定了满足开发企业立即投资要求的难易程度。为更加清晰直观地呈现页岩气开发项目中激励成本的变化规律，本章首先通过数值分析来讨论关键变量市场需求对激励成本的影响，进而分析其对开发企业投资时机选择的影响。页岩气开发在我国尚处于初始阶段，一些关键参数在行业还没有达成共识。故假设某一页岩气开发项目面临如下参数：页岩气供给量对天然气价格的影响系数为 0.2；边际便利收益为 0.05；无风险利率为 0.05；需求期望增长率为 0.02；前期建设投入成本为 100；单位需求运营成本为 10。其中部分参数来源于涪陵页岩气田调研信息推断，其余参数参考现有相关文献。图 6-4 是假定市场需求波动率为 0.3 时，市场需求冲击变动对期权价值和激励成本的影响示意图。

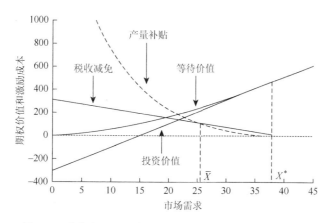

图 6-4　需求水平对开发企业期权价值和激励成本的影响

从图 6-4 中可以看出，随着市场需求的增加，开发企业拥有的页岩气开发项目的期权价值不断增大，并在等待期权价值与投资期权价值满足边界条件时，即市场需求冲击变量运动至 38 个单位时进行投资。如果当前需求冲击水平小于 38 个单位，则在没有政府激励投资的情况下，开发企业将执行推迟投资期权，享有项目等待期权价值直到当前需求冲击水平达到 38 个单位。如果当前需求冲击水平小于 38 个单位，政府以税收减免或产量补贴方式促使开发企业立即投资，则政府激励成本支出随着市场需求的增加而不断减少。因为更高的市场需求水平意味着更大的项目投资价值，从而减小了推迟期权的价值，所以政府促使开发企业立即投资的激励成本随市场需求增大而不断降低。通过上述分析可得到：如果满足前提假设，当前市场需求水平越高，政府越容易满足开发企业立即投资所要求的激励水平。

天然气市场需求的不确定程度同样会影响政府激励成本支出，进而影响开发企业是否能够立即投资。图 6-5 是假定当前市场需求冲击变量为 18 个单位时，不确定性对期权价值和激励成本的影响示意图。

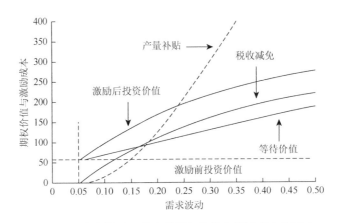

图 6-5　不确定性对开发企业期权价值和激励成本的影响

从图 6-5 中可以看出，政府激励措施实施之前，随着市场需求不确定程度的增大，开发企业拥有页岩气开发项目的投资期权价值没有变化。因为在当前市场需求水平已知的情况下，页岩气开发项目的投资期望收益不受未来市场需求波动影响。然而，激励前的等待期权价值则随着市场需求波动的增大而增大。这是因为较大的市场需求不确定性提高了延迟期权的价值。政府激励措施实施之后，随着市场需求不确定程度的增大，两种激励政策下政府所支付的激励成本需要不断增加，以满足当前需求水平下开发企业立即投资的价值要求。因为较大的市场需求波动提高了延迟期权的价值，这意味着不确定性增大了政府激励开发企业立即投资需要支付的激励成本。从图 6-5 中还可以发现，如果市场需求的不确定性程度低于某个特定水平，开发企业立即投资，政府是不需要进行激励的。当然，这是在页岩气开发项目 NPV 大于零的前提下。通过上述分析可得：如果满足前提假设，市场需求的不确定性程度越高，政府越不容易满足开发企业立即投资所要求的激励水平；反之，市场需求的不确定性程度低于某个特定水平，开发企业立即投资将自发实现，无须政府激励。

6.5.2 可延迟投资激励下关键影响因素分析

一般而言，在政府可延迟激励策略下，开发企业则会按照政府规划来投资开发页岩气项目。由命题 6-6～命题 6-8 可得到如下推论。

推论 6-4：满足前提假设，当政府评估页岩气开发项目所带来的社会公共收益 w_G 大于或等于政府立即投资规划的社会收益阈值 w^*，即 $w_G \geqslant w^*$ 时，政府需要减免的税收总额不低于 $\dfrac{w_G}{r} - (I_G - I_{NG})$ 或提供的产量补贴水平不低于 $\dfrac{1}{q}[w - r(I_G - I_{NG})]$，开发企业才会选择至少在政府规划时点 x_G^* 进行投资，其中，$x_G^* = \dfrac{\beta_1 \delta}{\beta_1 - 1}$

$\cdot \left(\dfrac{\alpha q + c}{r} + \dfrac{I_G}{q} - \dfrac{w_G}{rq} \right)$，$I_G > I_{NG}$。

需要指出的是，在大多数情况下，政府在项目建设方面的效率要低于非政府主体，因此有 $I_G > I_{NG}$。这种观点得到了众多文献的支持，而且经常被用来佐证政府转让项目给非政府投资者的原因。这表明如果政府不考虑公共收益，由于较高的效率，开发企业投资可能早于政府规划。因为高效率意味着能以较少的成本投入完成产能建设。

同理，由命题 6-6～命题 6-8 也可得到如下推论。

推论 6-5：满足前提假设，当政府评估页岩气开发项目所带来的社会公共收益 w_G 大于或等于政府立即投资规划的社会收益阈值 w^*，即 $w_G \geqslant w^*$ 时，政府需要减免的税收总额不低于 $\left(\dfrac{\alpha q^2 + cq}{r} \right) + (I_G - I_{NG}) - \dfrac{\beta_1 - 1}{\beta_1} \dfrac{x(0)q}{\delta}$ 或提供的产量补贴水平不低于 $\alpha q + c + r\left[\dfrac{I_G - I_{NG}}{q} - \dfrac{\beta_1 - 1}{\beta_1} \dfrac{x(0)}{\delta} \right]$，开发企业才会选择在当前时刻立即投资。

由以上分析可知，政府对页岩气开发项目带来社会公共收益的准确评估对政府激励策略选择、激励水平的设定至关重要，进而影响开发企业投资时机的选择。因此，首先，本节通过数值分析方法来讨论政府的社会收益评估价值对政府激励策略和激励水平及对开发企业投资时机选择的影响。假设某一页岩气开发项目面临参数如以上推论所述，且假定当前天然气需求水平为 50 单位，$I_{NG} / I_G = 0.8$，数值分析结果如表 6-1 所示。

表 6-1   社会收益评估价值对激励策略的影响

公共收益评估值	政府投资规划	激励前开发企业 投资时机	产量补贴水平	税收减免额度	激励后开发企业 投资时机
0	74.08	73.75	−0.10	−20	74.08
10	70.79	73.75	0.90	180	70.79
30	64.20	73.75	2.90	580	64.20
50	57.62	73.75	4.90	980	57.62
(73.14)	50	73.75	7.21	1442.9	50
100	50	73.75	7.21	1442.9	50

如果当前天然气需求水平为 50 单位，根据推论 6-5 可得社会收益阈值为 73.14，对应表 6-1 圆圈中的值。从表 6-1 中可以看出，如果政府不考虑页岩气开发项目带来的社会收益，即政府对公共收益的评估值为零，此时政府的投资需求阈值为 74.08，而开发企业的投资阈值为 73.75。这表明当政府不考虑页岩气开发项目带来的社会公共收益时开发企业的投资时刻要早于政府激励时刻。这是因为开发企业能以比政府更低的产能建设成本进行投资，即效率因素。此时，开发企业会在政府启动激励机制之前完成投资而无须激励（数值分析结果为负值表示政府可以在生产前后以增加额外税收等形式，实现等同于政府激励之前所获取的正外部收益）。随着政府评估的公共收益不断增大，触发政府投资的需求阈值不断降低，政府激励时刻不断提前，直到政府对社会公共收益的评估值达到 73.14 单位，政府选择当前时刻（50 单位的需求水平）实施激励措施诱发开发企业立即投资。同时，随着政府激励时刻不断提前，需要不断增加产量补贴水平或税收减免额度，直到满足开发企业立即投资的价值要求。当政府对公共收益的评估值超出阈值（73.14），政府希望页岩气开发项目尽快启动，但是最快也只能在当前时刻（因为投资决策是在当前进行的，模型考虑现实情况不允许投资者在过去的某一时刻进行投资）。这种情况下，政府只需要在当前时刻对开发企业进行激励即可，激励水平同样需要满足开发企业立即投资的价值要求。经过上述分析可得，政府对页岩气开发项目带来的外部性社会收益价值评估越高，政府激励成本越小，开发企业延迟投资的可能性越小，反之亦然。

同时，当前需求水平是投资主体判断是否进行立即投资的依据，而且是可以观测的。假定政府对页岩气开发项目带来的持续社会收益评估价值为 100 单位，当前需求水平的变动，对关键参数的影响如表 6-2 所示。

表 6-2　当前市场需求水平对投资激励的影响

当前需求水平	社会收益阈值	政府投资规划	激励前开发企业投资时机	产量补贴水平	税收减免额度	激励后开发企业投资时机
15	179.44	41.15	73.75	9.90	1980	41.15
35	118.70	41.15	73.75	9.90	1980	41.15
55	57.95	55	73.75	5.69	1139.1	55
73.75	1.00	73.75	73.75	0	0	73.75
74.08	0	74.08	73.75	−0.1	−20	74.08
100	0	100	73.75	−7.97	−1594.3	100

从表 6-2 中可以发现，随着当前需求水平的增加，社会收益阈值不断减小，政府投资规划不断提前，当政府规划时机等于当前需求水平时，开发企业将自发立即投资而无须政府激励。而且，随着当前需求水平的增加，政府评估的社会收益没有达到阈值（100 单位）之前，政府选择延迟激励策略；反之，政府选择即时激励策略。在延迟激励策略下，政府激励水平与当前市场需求水平无关。因为在这种情况下，当前需求水平并不会影响政府的投资规划和开发企业的投资时机。在即时激励策略下，政府激励水平随着当前需求水平增加而减少直至 0。因为在这种情况下，当前需求水平越大，破坏开发企业延迟期权的价值损失越少。激励水平取负值表示在当前需求水平下政府不但无须激励，甚至可以通过征收额外的产量税、资源税等方式来增加财政收入，开发企业依然会选择立即投资。通过上述分析可知：如果满足前提假设，国内天然气市场需求水平越高，社会收益阈值越小，政府激励成本支出越少，开发企业投资越早，延迟投资的可能性越小，反之亦然。

另外，本章考虑在几何布朗运动中加入随机跳跃可能会更加准确地刻画需求冲击变动过程。假设突发事件平均到来率为 0.05，当意外发生时天然气需求下降的百分比为 10%，其他参数设定如上，则政府激励水平的模拟结果如图 6-6 所示。

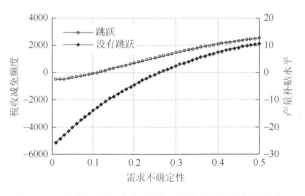

图 6-6　不确定性和突发事件对最优投资激励的影响

从模拟结果可以发现，随着需求波动的增大，激励水平不断增加。因为较大的市场需求不确定性提高了延迟期权的价值，政府需要给予更多的税收减免或更高的产量补贴才能触发开发企业按照政府期望时刻进行投资。这与诸多类似研究获得结果是一致的。同时，按照设定的参数，不论是否考虑突发事件对投资激励的影响，都会出现激励水平低于 0 的情况。这表明如果市场需求的不确定性程度低于某个特定水平，开发企业按照政府期望进行投资是不需要进行激励的。从模拟结果还可以发现，如果政府考虑突发事件对未来需求的冲击，则政府激励力度要大于不考虑突发因素情况。这就意味着如果政府不考虑突发事件对未来需求的冲击，可能会导致激励不足。因为对于开发企业而言，突发事件会增大项目投资的机会价值，投资时刻会更晚，触发投资的需求阈值会更大，需要政府给予更多的税收减免或更高的产量补贴水平。

通过上述分析可得：天然气市场需求的不确定性程度越低，开发企业延迟投资的可能性越小，不确定性程度低于某个特定水平，开发企业在政府期望时刻投资将不需要激励。同时，其他条件不变，政府激励忽略突发事件的不利影响，开发企业投资将晚于政府预期。

6.6　本　章　小　结

本章运用实物期权分析框架研究了市场需求不确定环境下，政府如何激励开发企业按照政府规划进行投资的问题。首先，基于政府和开发企业的价值评判准则和利益取向，运用最优停时理论分析了政府激励页岩气开发投资的内在机理。其次，考虑放弃期权存在的客观事实和政府激励成本因素，将目前我国已发布的页岩气开发投资激励政策划分为税收减免和产量补贴两种方式，给出各自促使开发企业立即投资的最优激励水平，并给出两种激励方式下执行成本无差异边界条件及政府相对最优激励策略或策略组合。再次，在上述研究的基础上，考虑页岩气开发带来的正外部性收益引入社会收益变量，依据政府投资规划给出即时和延迟激励策略选择的社会收益阈值，并给出阈值前后两种情境下的税收减免和产量补贴水平。最后，通过数值模拟考察了当前市场需求水平、需求的不确定性、社会收益评估价值，以及不利突发事件对政府激励策略选择及激励水平的影响。

研究发现：①政府激励开发企业立即投资，当前页岩气需求水平越高，未来需求不确定性程度越低，政府激励成本越小。②在需求水平确定的前提下，需求不确定性程度低于某个特定水平，开发企业立即投资可能自发实现而无须政府激励，但忽略突发事件对未来需求的不利影响可能导致激励不足。③在延迟激励策略下，激励水平与当前需求水平和未来需求波动无关，随着社会收益递增；

在即时激励策略下，激励水平与社会收益无关，随着当前需求水平和社会收益阈值递增。

　　研究启示：①通过其他低廉成本措施消除影响页岩气开发项目收益的不确定性，是实现我国页岩气资源又快又好开发的另一重要途径。②能源外交的利好消息，例如，中俄天然气供应协议的签订，将降低我国对天然气需求的紧迫性，从而降低我国页岩气开发利用带来的社会收益评估价值，可能会导致政府激励力度不足和页岩气商业化进程缓慢。

第7章 结 语

开发利用页岩气是保障能源安全、推进能源多元清洁发展、培育战略性新兴产业的重要战略举措，也是缓解天然气供需矛盾、优化能源消费结构、降低碳排放、实现可持续发展的迫切需要。国民经济和社会发展"十二五"时期，加快能源结构的调整优化和天然气管网的发展，为我国页岩气大规模开发提供了宝贵的战略机遇。同时，为深入贯彻落实科学发展观，加快发展页岩气产业，《页岩气发展规划（2011-2015年）》和《页岩气产业政策》及相关法律法规相继出台。在利好政策下，我国企业对页岩气开发表现出了极大的投资热情。但是，鉴于页岩气开发是一个投资巨大、技术密集、投资回收周期长的项目，涉及资金、技术、环保、体制、各方参与度等各个因素，盲目投资页岩气开发项目将背负着巨大的资金风险。若是再加上不完善、不成熟的市场，开发企业支付的巨额投资很有可能无法获取预期收益。在此背景下，准确评估页岩气区块投资价值，是具备页岩气开发能力的企业客观做出是否参与投标决策的前提。竞标成功后，开发企业仍需要科学的投资决策予以支持。同时，页岩气产业的蓬勃发展更需要政府合理的激励策略予以保障。因此，本书综合应用数理建模、模型推理分析及数值模拟等方法，结合我国页岩气开发项目特征和市场需求特征，对页岩气项目投资价值评价、开发企业投资时机和钻井数量选择及政府激励问题进行研究，以便为准备进入页岩气领域的开发企业提供投资可行性的判断依据，为已中标开发企业提供投资决策支持，为政府制定或调整激励政策提供决策参考。本章对本书的主要工作和结论、创新点进行总结，并指出本书可能存在的局限性和有待进一步研究的问题。

7.1 研究内容总结

本书的主要工作和研究结论概括如下。

（1）结合我国页岩气开发过程中表现出的技术学习、产量递减及复合期权特征，对传统 NPV 价值评价模型进行修正，构建页岩气开发项目投资价值评价模型，探讨如何准确评价页岩气开发项目投资价值以判断其投资的可行性。

首先，依据调研信息和已有研究文献，论证页岩气开发项目的技术学习、产能和产量，以及多阶段投资的复合期权特征，并探究这些特征对页岩气开发项目投资评价结果的作用机理。其次，用页岩气钻井数量衡量产出，用单位页岩气井成本变动趋势刻画页岩气开发技术学习曲线，借鉴 Majd 和 Pindyck（1987）的学习曲线模型并考虑学习成本，给出页岩气开发项目投资成本测算方法；借助 Weijermars（2013）的单井产量模型和复合期权定价方法，分别评价页岩气开发项目可采资源价值和依据开发流程划分为三阶段投资的柔性价值；最终按照实物期权评价模型思想建立页岩气开发项目投资价值评价模型。最后，通过数值分析和算例分析方法，揭示技术学习特征对评价结果的影响，以及传统 NPV 评估模型的缺陷。

研究发现：①忽略技术学习可能会低估页岩气开发项目投资价值，降低页岩气开发项目投资的可行性。②由于技术学习成本的存在，技术学习强度增加并不一定会增大页岩气项目的投资价值，只有开展适度的技术学习活动才能够增大页岩气开发项目的投资价值。③页岩气开发项目价值评价模型能够给出被传统 NPV 评价模型低估的管理柔性价值，识别更多页岩气开发项目投资机会。

（2）通过实地调研及对相关文献研究，基于页岩气开发项目在运营阶段可暂停采气的现实情况，把业界所熟知而相关研究常忽略的油气资源开发项目产量特征引入实物期权分析框架，对可暂停采气的页岩气开发项目投资时机进行了研究。

首先，依据调研信息和已有研究文献，描述并刻画页岩气开发项目的产量及投资的期权特征，并通过构建项目瞬时收益函数揭示出这些特征对页岩气开发项目投资收益的影响。其次，借鉴陈建华等（2009）的建模思想，在其所给出的瞬时收益函数中引入能够表示瞬时产量的初始采气率和产气量递减率变量，构建可暂停采气的页岩气开发项目期权价值和投资价值测算模型，模型推导给出了可暂停采气的页岩气开发项目投资临界值方程。最后，根据实地专家访谈信息和美国页岩气开发相关研究文献，合理设定模型参数，通过数值分析揭示不确定性价格和产量特征对页岩气开发项目价值及投资时机选择的影响，并给出相应的管理启示或建议。

研究发现：①页岩气井口价格波动增大了开发企业的等待价值，不确定性程度越高，投资临界值就越大，相应的开发投资时机越晚。②单井产气量递减率的存在减小了页岩气区块的期权价值和投资价值，产气量递减率越大，项目价值越小，开发企业更愿意推迟投资以确保当前不受损失；页岩气项目区块资源丰度表征着页岩气开发项目期权价值和投资价值大小，区块资源丰度等级越高，项目期权价值和投资价值越大，越能更早触发投资。

（3）结合页岩气开发过程中影响投资收益的产能和产量特征，构建不确定需求下页岩气开发项目投资时机与钻井数量决策模型，探讨开发企业投资时机与钻井数量最优选择问题。

首先，验证页岩气市场需求服从几何布朗运动过程假设的可行性。其次，借鉴 Dixit 和 Pindyck（1994）建立的不确定条件下不可逆性投资分析框架，考虑页岩气开发过程中规划产能与实际产出的不一致性、产量递减性和资源丰度差异性，引入钻井成功率、产气量递减率和初始采气率变量，构建市场需求不确定情境下页岩气开发项目的投资时机与钻井数量决策模型，并通过模型求解给出页岩气开发项目投资时机与钻井数量分别选择和同时选择的解析解。再次，通过模型分析给出单独与同时选择投资时机与钻井数量的影响因素差异。最后，根据中石化涪陵页岩气田实地专家访谈信息和美国页岩气开发相关研究文献，合理设定模型参数，通过数值分析探究市场需求不确定性和页岩气开发项目特征对投资时机和投资规模的影响。

研究发现：①开发企业单独进行投资时机和钻井数量决策时，投资时机和钻井数量相互影响且表现出同向变动关系，即越早投资需要的钻井数量越少，越晚投资需要的钻井数量越多。②开发企业同时进行投资时机和钻井数量决策时，开发投资时点选择会受单位有效钻井成本和钻井成功率的影响，与规划钻井数量的多少无关；最优钻井数量选择与市场需求的期望增长率和波动率相关，与实际市场需求量的多少无关。③不确定性程度越高，投资越晚，需要的钻井数量越多；产气量递减率越小、钻井成功率和初始采气率越高，越早触发投资，需要的钻井数量越少，反之亦然。同时，在不确定程度较高的情境下，项目内在特征对投资时机和钻井数量的影响更明显。

（4）依据我国页岩气开发投资激励的现实情况，考虑政府激励成本和页岩气开发利用带来的社会公共收益，构建页岩气开发项目投资激励模型，探讨了政府应该如何相机选择激励策略，并制定合理的激励水平促使开发企业按照政府规划投资的问题。

首先，基于政府和开发企业的价值评判和利益取向，运用实物期权中的最优停时理论，探究政府激励页岩气开发企业投资的内在机理。其次，依据目前我国页岩气开发投资激励政策，将政府激励划分为税收减免和产量补贴两种方式，在合理假设的前提下，借助 Armada 等（2012）基于实物期权理论建立的即时投资激励的分析框架，构建页岩气开发项目即时投资激励模型，并通过模型求解给出两种激励方式下的政府最优激励水平及激励方式选择策略或激励方式组合策略。再次，借鉴 Ribeiro 等（2014）的研究，引入社会收益变量来衡量页岩气开发带来的外部性收益，对即时激励模型进行拓展，构建页岩气开发项目可延迟投资激励模型，通过模型推导给出两种策略选择的边界条件及政府最优激励水平。最后，通过数值分析讨论了当前页岩气市场需求水平、未来页岩气市场需求的不确定性、页岩气开发带来的社会收益和不利的突发事件等因素对政府激励策略选择及激励水平的影响。

研究发现：①政府激励开发企业立即投资，当前页岩气需求水平越高，未来需求不确定性程度越低，政府激励成本越小。②在当前需求水平确定的前提下，需求不确定性程度低于某个特定水平，开发企业立即投资可能自发实现而无须政府激励，但忽略突发事件对未来需求的不利影响可能导致激励不足。③在延迟激励策略下，激励水平与当前需求水平和未来需求波动无关，随着社会收益递增；在即时激励策略下，激励水平与社会收益无关，随着当前需求水平和社会收益阈值递增。

7.2　研究应用价值

（1）借助学习曲线理论改进实物期权评价模型中的成本测算方法，以页岩气井综合成本、可采资源价值及投资管理的柔性价值为评价对象，建立页岩气开发项目投资价值评价模型，提供投资可行性的判断方法。

用页岩气钻井数量衡量产出，用单位页岩气井成本变动趋势刻画页岩气开发技术学习曲线，借鉴 Majd 和 Pindyck（1987）的学习曲线模型并考虑学习成本，给出页岩气开发项目投资成本测算方法；借助 Weijermars（2013）的单井产量模型和复合期权定价方法，分别评价页岩气开发项目可采资源价值和依据开发流程划分为三阶段投资的柔性价值；最终按照实物期权评价模型思想建立页岩气开发项目投资价值评价模型。研究发现：开发企业开展适度的技术学习并考虑投资管理的柔性价值，将会增大页岩气开发项目投资价值，识别更多页岩气开发项目投资机会。研究规避了忽略技术学习效应通常会高估开发成本的缺陷，克服了传统 NPV 模型未能考虑投资管理柔性价值的不足。

（2）依据页岩气开发项目采气运营阶段利润流为负情况下开发企业可暂停采气的实际，并将影响页岩气投资收益的产量特征变量引入瞬时收益函数，构建可暂停采气的页岩气开发项目投资时机决策模型，给出开发企业最佳投资时机选择策略。

将页岩气开发项目投资视为开发企业的一项权利而不是义务，同时考虑开发企业拥有在利润流为负数时暂停采气、在利润流为正数时重启的暂停期权，借鉴陈建华等（2009）的建模思想，并在其所给出的瞬时收益函数中引入能够表示瞬时产量的初始采气率和产气量递减率变量，构建了可暂停采气的页岩气开发项目价值测算模型，给出了可暂停采气的页岩气开发项目投资临界值方程。研究发现：页岩气价格波动增大了开发企业的等待价值；产气量递减率减小了页岩气开发项目的期权价值和投资价值，产气量递减率越大，项目价值越小；资源丰度等级越高，页岩气开发项目期权价值和投资价值越大，越能更早地触发投资。研究揭示了产量特征对可暂停采气页岩气开发项目价值及投资时机选择的影响，丰富并拓展了实物期权理论的应用领域。

（3）使用可采气井数量、产气量递减率和初始采气率测算页岩气项目产量，通过市场逆需求函数得到页岩气价格，构建需求不确定情境下页岩气开发项目投资时机与钻井数量决策模型，给出开发企业投资时机与钻井数量最优选择策略。

运用蒙特卡洛模拟方法验证页岩气市场需求服从几何布朗运动过程假设的可行性，考虑规划钻井与实际产气井数量的不一致性对投资收益的影响，进一步在瞬时收益函数中引入钻井成功率变量并放松钻井数量为 1 的假设，构建页岩气开发项目投资时机与钻井数量决策模型，给出开发企业最佳投资时机和最优钻井数量解析解。研究发现：单独决策投资时机和钻井数量时，投资阈值与钻井数量呈同向变动关系，同时决策时投资阈值受钻井成本和钻井成功率的影响却与钻井数量多少无关，钻井数量受市场需求期望增长率和波动率影响而与市场需求大小无关；需求不确定性和产气量递减率的增大会引起投资延迟和钻井数量增加，钻井成功率和初始采气率的增大会起到相反的作用。研究揭示了单独与同时选择投资时机与钻井数量的影响因素差异及项目特征对投资决策的影响，为开发企业投资时机和规模选择提供了理论参考。

（4）结合我国页岩气开发投资激励政策，引入社会收益变量衡量页岩气开发带来的外部性收益，构建页岩气开发项目政府激励模型，给出政府激励策略选择的边界条件及不同激励方式下的最优激励水平。

借鉴 Armada 等（2012）的即时投资激励建模思想，考虑社会收益对政府激励策略的影响，依据 Ribeiro 等（2014）的研究引入社会收益变量，构建页岩气开发项目政府激励模型，论证给出政府即时激励和延迟激励策略选择的社会收益阈值条件，推导出开发企业按照政府规划投资的税收减免额度和产量补贴水平。研究发现：在延迟激励策略下，激励水平与当前需求水平和未来需求波动无关，随着社会收益递增；在即时激励策略下，激励水平与社会收益无关，随着当前需求水平和社会收益阈值递增；需求不确定性程度低于某个特定水平，开发企业立即投资将自发实现而无须激励，但忽略突发事件对未来需求的不利影响可能导致激励不足。研究深化了 Armada 等的即时投资激励模型，并将其拓展到延迟激励情境，为政府制定或调整页岩气投资激励政策提供了参考。

参 考 文 献

曹国华，潘强. 2007. 基于期权博弈理论的技术创新扩散研究. 科研管理，28（1）：188-191.

陈广仁，周俊一，阮长悦，等. 2013. 页岩气单井成本效益浅析. 城市燃气，（11）：32-37.

陈建华，郭菊娥，席酉民，等. 2009. 基于暂停期权秸煤混烧发电投资项目选择的研究. 统计与决策，（17）：57-60.

陈世悦. 2006. 矿物岩石学. 东营：石油大学出版社.

陈志祥. 2007. 学习曲线及在工业生产运作研究中的应用综述. 中国工程科学，9（7）：82-88.

迪克西特，平迪克. 2013. 不确定条件下的投资. 朱勇译. 北京：中国人民大学出版社.

董大忠，王玉满，李登华，等. 2012. 全球页岩气发展启示与中国未来发展前景展望. 中国工程科学，14（6）：69-76.

董康银，孙仁金，李慧，等. 2015. 社会资本参与页岩气开发现状及对策. 天然气与石油，33（6）：100-104.

冯立杰，翟雪琪，王金凤，等. 2011. 基于增长期权的煤层气开发项价值评估模型. 价值工程，30（5）：14-15.

傅博. 2013. 激励政策下清洁能源项目投资决策方法研究. 北京：中国地质大学（北京）硕士学位论文.

耿小烬，王爱国，鲁陈林，等. 2016. 页岩气开发的经济效益与影响因素分析. 中国矿业，25（10）：31-36.

郭瑞，罗东坤，李慧. 2016. 中国页岩气开发环境成本计量研究及政策建议. 环境工程，34（3）：180-184.

何沐文，刘金兰. 2011. 基于多重复合实物期权的自然资源开发投资评价模型. 系统工程，（2）：44-49.

何沐文，刘金兰，高奇特，等. 2013. 不确定环境下自然资源开发项目投资评价模型. 管理科学学报，16（6）：46-55.

何青，李皓鹏. 2013. 融资约束，现金持有量与企业投资时机选择. 南开经济研究，（3）：67-82.

黄建. 2012. 中国风电和碳捕集技术发展路径与减排成本研究——基于技术学习曲线的分析. 资源科学，2012（1）：20-28.

黄绍伦，张金锁，张伟，等. 2015. 技术学习曲线研究综述. 科技管理研究，（16）：12-16.

孔令峰，李凌，孙春芬. 2015. 中国页岩气开发经济评价方法探索. 国际石油经济，23（9）：94-99.

李庆. 2012. 新能源消费补贴的微观分析. 财贸经济，（12）：134-139.

李润生，瞿辉. 2015. 我国天然气产业发展面临的不确定性因素. 国际石油经济，23（3）：1-4.

李武广，杨胜来，王珍珍，等. 2013. 基于模糊优化分析法的页岩气开发选区模型. 煤炭学报，38（2）：264-270.

李应求, 刘朝才, 彭朝晖. 2008. 不确定条件下企业的投资规模决策. 运筹学学报, 12 (2): 121-128.

林青. 2016. 基于模糊实物期权的生物质能源项目价值评估研究. 长沙: 湖南大学硕士学位论文.

刘洪伟, 李纪珍, 王彦. 2007. 技术学习成本及其影响因素分析. 科研管理, 28 (5): 1-8.

刘楠楠. 2014. 支持我国页岩气产业发展的财税政策选择. 税务研究, (9): 21-24.

刘鹏. 2013. 技术学习成本及其构成研究. 经营管理者, (6): 174.

刘向华. 2010. 成本收益差异的房地产不对称双头期权博弈模型分析. 华东经济管理, 24 (10): 156-160.

刘子晗, 郭菊娥, 王树斌. 2016. 我国页岩气开发技术工程化实现的学习曲线研究. 科技管理研究, 36 (3): 118-122.

鲁皓, 张宗益. 2012. 基于实物期权方法的新兴技术项目投资时机和投资规模选择. 系统工程理论与实践, 32 (5): 1068-1074.

罗东坤, 汪华. 2007. 石油开发项目实物期权评价方法. 石油勘探与开发, 34 (4): 493-496.

吕秀梅. 2014. 不确定环境下的竞争性投资: 实物期权与博弈论. 北京: 中国农业科学技术出版社.

吕秀梅, 邵腾伟. 2015. 非对称寡头市场的期权博弈. 系统工程, (12): 23-27.

牛衍亮, 黄如宝, 常惠斌. 2013. 基于学习曲线的能源技术成本变化. 管理工程学报, 27 (3): 74-80.

彭伟, 段静静, 唐振鹏. 2014. 企业专利投资的期权博弈研究——基于不对称双寡头模型的分析. 中国管理科学, 22 (10): 38-43.

王玲, 张金锁, 邹绍辉. 2016. 石油勘探项目分阶段投资的最优时机选择. 数学的实践与认识, 46 (20): 78-86.

王树斌, 郭菊娥, 夏兵. 2016. 多目标情景下中国非常规油气开发技术学习率的估计——基于学习曲线理论. 北京理工大学学报 (社会科学版), (3): 1-12.

王婷. 2013. 基于实物期权的非常规油气资源开发经济评价研究. 青岛: 中国石油大学 (华东) 硕士学位论文.

王志刚. 2014. 应用学习曲线实现非常规油气规模有效开发. 天然气工业, (6): 1-8.

吴建祖, 宣慧玉. 2004. 经营成本对企业研发投资决策影响的期权博弈分析. 系统工程, 22 (5): 30-34.

吴建祖, 宣慧玉. 2007. 可暂停研发项目投资决策的实物期权方法. 科技进步与对策, 24 (2): 161-163.

吴孝灵, 周晶, 彭以忱, 等. 2013. 基于公私博弈的 PPP 项目政府补偿机制研究. 中国管理科学, (s1): 198-204.

吴艳婷, 钟敏, 游声刚, 等. 2015. 页岩气投资项目经济评价方法. 开发研究, 181 (6): 68-71.

肖磊, 袁剑, 秦涛. 2016. 蒙特卡罗模拟在页岩气开发项目经济评价中的应用. 天然气技术与经济, 10 (6): 22-23.

肖楠. 2012. 鼓励引导民间投资进入加快我国页岩气产业发展. 中国经贸导刊, (33): 21-23.

谢伟. 2005. 技术学习和竞争优势: 文献综述. 科技管理研究, 25 (2): 170-174.

邢文婷, 张宗益, 吴胜利. 2016. 页岩气开发对生态环境影响评价模型. 中国人口·资源与环境, 26 (7): 137-144.

阳军. 2010. 不确定条件下最优投资时机和投资规模决策研究. 重庆: 重庆大学博士学位论文.

阳军，孟卫东，熊维勤. 2012. 不确定条件下最优投资时机和最优投资规模决策. 系统工程理论与实践，32（4）：752-759.

杨海生，陈少凌. 2009. 不确定条件下的投资：基于"跳"过程的实物期权模型. 系统工程理论与实践，29（12）：175-185.

杨海霞. 2012. 页岩气规划价格放开吸引多元化投资. 中国投资，（7）：72-74.

杨海霞. 2013. 页岩气开发需针对性政策. 中国投资，（1）：17-19.

杨红昌，张立. 2014. 投资和市场在页岩气区块优选中的影响分析. 天然气工业，34（6）：149-154.

杨青，李珏. 2004. 风险投资中的双重道德风险与最优合约安排分析. 系统工程，22（11）：71-73.

杨艳，王礼茂，方叶兵. 2014. 中国页岩气资源开发利用的可行性评价. 自然资源学报，29（12）：2127-2136.

曾少军，杨来，曾凯超. 2013. 中国页岩气开发现状、问题及对策. 中国人口·资源与环境，23（3）：33-38.

张定宇. 2012. 中国页岩气产业发展对策建议. 国际石油经济，（11）：64-68.

张高勋，田益祥，李秋敏，等. 2013. 基于实物期权的矿产资源价值评估模型. 技术经济，32（2）：65-70.

张国兴，高秀林，汪应洛. 2015. 基于期权差异的不对称双寡头投资决策模型. 系统工程理论与实践，（3）：751-762.

张国兴，郭菊娥，晏文隽. 2008. 拥有"暂停期权"的不对称双寡头投资博弈模型. 运筹与管理，17（3）：140-145.

张立，扈文秀. 2013. 基于泊松跳跃的并购时机研究. 西安理工大学学报，29（4）：495-499.

张全勇. 2016. 基于实物期权的煤层气开发项目投资决策与应用研究. 太原：山西财经大学硕士学位论文.

张永峰，杨树锋，陈汉林，等. 2004. 石油勘探领域期权波动率参数阶段性估算. 中国石油大学学报（自然科学版），28（5）：139-141.

章恒全，蒋艳红. 2013. 复合实物期权在风电项目投资评估中的应用. 工程管理学报，（2）：26-30.

赵林，冯连勇. 2009. 未开发油田价值评估和投资时机选择模型的构建及应用. 中国石油大学学报（自然科学版），33（6）：161-166.

赵迎春. 2015. 中国煤层气与页岩气开发与优惠政策对比浅析. 中国煤层气，12（3）：43-47.

郑波，张蔓. 2016. 基于模糊层次法的页岩气开发经济评价模型. 西安石油大学学报（社会科学版），25（2）：1-5.

郑玉华，夏良玉. 2016. 基于技术进步的页岩气开发项目经济评价方法研究. 项目管理技术，14（2）：22-26.

邹才能，张国生，杨智，等. 2013. 非常规油气概念、特征、潜力及技术——兼论非常规油气地质学. 石油勘探与开发，（4）：385-399.

Abadie L M. 2009. Valuation of long-term investments in energy assets under uncertainty. Energies，2（3）：738-768.

Almansour A M, Insley M. 2011. The impact of stochastic extraction cost on the value of an exhaustible resource：The case of the Alberta oil sands. Turku：Real Options 15th Annual International Conference.

Alonso-Conde A B，Brown C，Rojo-Suarez J. 2007. Public private partnerships：Incentives，risk transfer and real options. Review of Financial Economics, 16 (4): 335-349.

Anzanello M J, Fogliatto F S. 2007. Learning curve modelling of work assignment in mass customized assembly lines. International Journal of Production Research, 45 (13): 2919-2938.

Anzanello M J, Fogliatto F S. 2011. Selecting the best clustering variables for grouping mass-customized products involving workers' learning. International Journal of Production Economics, 130 (2): 268-276.

Arango S, Castañeda J A, Larsen E R. 2013. Mothballing in power markets: An experimental study. Energy economics, 36: 125-134.

Argote L, Epple D. 1990. Learning curves in manufacturing. Science, 247 (4945): 920-924.

Armada M J R, Pereira P J, Rodrigues A. 2012. Optimal subsidies and guarantees in public- private partnerships. The European Journal of Finance, 18 (5): 469-495.

Armitstead M. 2004. Hotel management and operations options: Intellectual capital versus financial capital. Journal of Retail & Leisure Property, 3 (4): 7625-7638.

Armstrong M, Galli A, Bailey W, et al. 2004. Incorporating technical uncertainty in real option valuation of oil projects. Journal of Petroleum Science and Engineering, 44 (1): 67-82.

Asche F, Oglend A, Osmundsen P. 2012. Gas versus oil prices the impact of shale gas. Energy Policy, 47: 117-124.

Azevedo A, Paxson D. 2014. Developing real option game models. European Journal of Operational Research, 237 (3): 909-920.

Azizi N, Zolfaghari S, Liang M. 2010. Modeling job rotation in manufacturing systems: The study of employee's boredom and skill variations. International Journal of Production Economics, 123 (1): 69-85.

Baldwin C Y, Mason S P, Ruback R S. 1984.Evaluation of government subsidies to large scale energy projects: A contingent claims approach. Division of Research, Harvard Business School.

Barbosa D, Carvalho V M, Pereira P J. 2016. Public stimulus for private investment: an extended real options model. Economic Modelling, 52: 742-748.

Bar-Ilan A, Sulem A, Zanello A. 2002. Time-to-build and capacity choice. Journal of Economic Dynamics and Control, 26 (1): 69-98.

Bellman R. 1956. Dynamic programming and Lagrange multipliers. National Academy of Sciences, 42 (10): 767-769.

Bengtsson J. 2001. Manufacturing flexibility and real options: A review. International Journal of Production Economics, 74 (1): 213-224.

Berglund C, Söderholm P. 2006. Modeling technical change in energy system analysis: Analyzing the introduction of learning-by-doing in bottom-up energy models . Energy Policy, 34 (12): 1344-1356.

Bernanke B S. 1983. Irreversibility, uncertainty, and cyclical investment. Quarterly Journal of Economics, 98 (1): 85-106.

Biancardi M, Villani G 2017. A fuzzy approach for R&D compound option valuation. Fuzzy Sets and Systems, 310: 108-121.

Black F, Scholes M. 1973. The pricing of options and corporate liabilities. The Journal of Political

Economy, 1973: 637-654.

Bøckman T, Fleten S, Juliussen E, et al. 2008. Investment timing and optimal capacity choice for small hydropower projects. European Journal of Operational Research, 190 (1): 255-267.

Brandão L E T, Saraiva E. 2008. The option value of government guarantees in infrastructure projects. Construction Management and Economics, 26 (11): 1171-1180.

Brandão L E, Dyer J S, Hahn W J. 2005. Using binomial decision trees to solve real-option valuation problems. Decision Analysis, 2 (2): 69-88.

Brennan M J, Schwartz E S. 1985. Evaluating natural resource investments. Journal of Business, 58 (2): 135-157.

Brosch R. 2001. Portfolio-aspects in real options management. Plant Cell Reports, 15 (12): 905-909.

Caselli S, Marciante A, Gatti S. 2009. Pricing final indemnification payments to private sponsors in project-financed public-private partnerships: An application of real options valuation. Journal of Applied Corporate Finance, 21 (3): 95-106.

Chang Y, Huang R, Ries R J, et al. 2015. Life-cycle comparison of greenhouse gas emissions and water consumption for coal and shale gas fired power generation in China. Energy, 86: 335-343.

Cheah C Y, Liu J. 2006. Valuing governmental support in infrastructure projects as real options using Monte Carlo simulation. Construction Management and Economics, 24 (5): 545-554.

Chen X J, Bao S J, Hou D J, et al. 2012. Methods and key parameters for shale gas resource evaluation. Petroleum Exploration and Development, 39 (5): 605-610.

Cheng C, Wang Z, Liu M, et al. 2017. Defer option valuation and optimal investment timing of solar photovoltaic projects under different electricity market systems and support schemes. Energy, 127: 594-610.

Chevalier-Roignant B, Flath C M, Huchzermeier A, et al. 2011. Strategic investment under uncertainty: A synthesis. European Journal of Operational Research, 215 (3): 639-650.

Clark C E, Horner R M, Harto C B. 2013. Life cycle water consumption for shale gas and conventional natural gas. Environmental Science & Technology, 47 (20): 11829-11836.

Compernolle T, van Passel S, Huisman K, et al. 2014. The option to abandon: Stimulating innovative groundwater remediation technologies characterized by technological uncertainty. Science of the Total Environment, 496: 63-74.

Cortazar G, Gravet M, Urzua J. 2008. The valuation of multidimensional American real options using the LSM simulation method. Computers & Operations Research, 35 (1): 113-129.

Cox J C, Ross S A, Rubinstein M. 1979. Option pricing: A simplified approach. Journal of Financial Economics, 7 (3): 229-263.

Dangl T. 1999. Investment and capacity choice under uncertain demand. European Journal of Operational Research, 117 (3): 415-428.

Danielova A, Sarkar S. 2011. The effect of leverage on the tax-cut versus investment-subsidy argument. Review of Financial Economics, 20 (4): 123-129.

Davison R. 2005. Offshoring information technology: Sourcing and outsourcing to a global workforce . Information Technology for Development, 13 (1): 101-102.

de Reyck B, Degraeve Z, Vandenborre R. 2008. Project options valuation with net present value and decision tree analysis. European Journal of Operational Research，184（1）：341-355.

de Silva P，Simons S，Stevens P. 2016. Economic impact analysis of natural gas development and the policy implications. Energy Policy，88：639-651.

Detert N，Kotani K. 2013. Real options approach to renewable energy investments in Mongolia. Energy Policy，56：136-150.

Dias M A G. 2004. Valuation of exploration and production assets：An overview of real options models. Journal of Petroleum Science & Engineering，44（1-2）：93-114.

Dickens R N，Lohrenz J. 1996. Evaluating oil and gas assets：Option pricing methods prove no panacea. Journal of Financial and Strategic Decisions，9（2）：11-19.

Dixit A K，Pindyck R S. 1994. Investment Under Uncertainty. Princeton：Princeton University Press.

Doan P，Menyah K. 2012. Impact of irreversibility and uncertainty on the timing of infrastructure projects. Journal of Construction Engineering and Management，139（3）：331-338.

Doan P，Patel K. 2010. Investment with government subsidies and cost contingency：The case of build-operate-transfer（BOT）toll road. Working Paper，14th International Conference on Real Options.

Dong Z，Holditch S，McVay D. 2013. Resource evaluation for shale gas reservoirs. SPE Economics & Management，5（1）：5-16.

Duffie D. 2010. Dynamic Asset Pricing Theory. Princeton：Princeton University Press.

Eduardo S S. 1997. The stochastic behavior of commodity prices：Implications for valuation and hedging. Journal of Finance，52（3）：922-973.

Emhjellen M，Alaouze C M. 2003. A comparison of discounted cashflow and modern asset pricing methods—project selection and policy implications. Energy Policy，31（12）：1213-1220.

Esber S，Baier D. 2010. Monte Carlo methods in the assessment of new products：A comparison of different approaches//Classification as a Tool for Research. Berlin：Springer.

Fan Y，Mo J，Zhu L. 2013. Evaluating coal bed methane investment in China based on a real options model. Resources Policy，38（1）：50-59.

Fan Y，Zhu L. 2010. A real options based model and its application to China's overseas oil investment decisions. Energy Economics，32（3）：627-637.

Ferioli F，Schoots K，Zwaan B C C V. 2009. Use and limitations of learning curves for energy technology policy：A component-learning hypothesis. Energy Policy，37（7）：2525-2535.

Fernandes R，Gouveia B，Pinho C. 2013. A real options approach to labour shifts planning under different service level targets. European Journal of Operational Research，231（1）：182-189.

Fertig E，Heggedal A M，Doorman G，et al. 2014. Optimal investment timing and capacity choice for pumped hydropower storage. Energy Systems，5（2）：285.

Fleten S，Haugom E，Ullrich C J. 2017. The real options to shutdown，startup，and abandon：US electricity industry evidence. Energy Economics，63：1-12.

Foss N J，Roemer E. 2010. Real options，resources and transaction costs：Advancing the strategic theory of the firm. International Journal of Strategic Change Management，2（1）：73-92.

Frimpong S，Whiting J M. 1997. Derivative mine valuation：Strategic investment decisions in competitive markets. Resources Policy，23（4）：163-171.

Fuss S, Johansson D J, Szolgayova J, et al. 2009. Impact of climate policy uncertainty on the adoption of electricity generating technologies. Energy Policy, 37 (2): 733-743.

Gamba A, Fusari N. 2009. Valuing modularity as a real option. Management Science, 55 (11): 1877-1896.

Geske R. 1979. The valuation of compound options. Journal of Financial Economics, 7 (1): 63-81.

Giannopoulos A. 2005. Modelling ground penetrating radar by GprMax. Construction and Building Materials, 19 (10): 755-762.

Goldemberg J, Coelho S T, Nastari P M, et al. 2004. Ethanol learning curve—the Brazilian experience. Biomass and Bioenergy, 26 (3): 301-304.

Gordon L A, Loeb M P, Lucyshyn W, et al. 2015. The impact of information sharing on cybersecurity underinvestment: A real options perspective. Journal of Accounting and Public Policy, 34 (5): 509-519.

Grenadier S R, Wang N. 2007. Investment under uncertainty and time-inconsistent preferences. Journal of Financial Economics, 84 (1): 2-39.

Grenadier S R. 1996. The strategic exercise of options: Development cascades and overbuilding in real estate markets. The Journal of Finance, 51 (5): 1653-1679.

Guimarães D M A, Teixeira J. 2010. Continuous-Time option games: Review of models and extensions. Multinational Finance Journal, 14 (3/4): 219-254.

Gülen G, Browning J, Ikonnikova S, et al. 2013. Well economics across ten tiers in low and high Btu (British thermal unit) areas, Barnett Shale, Texas. Energy, 60: 302-315.

Hada T, Szora A T. 2010. Decisions regarding investments in renewable energy. Annales Universitatis Apulensis: Series Oeconomica, 12 (1): 386.

Hagspiel V, Huisman K J, Kort P M. 2012. Production flexibility and capacity investment under demand uncertainty. Working Paper, Tilburg University, The Netherlands.

Hahn W J, Dyer J S. 2008. Discrete time modeling of mean-reverting stochastic processes for real option valuation. European Journal of Operational Research, 184 (2): 534-548.

Heimerl C, Kolisch R. 2010. Work assignment to and qualification of multi-skilled human resources under knowledge depreciation and company skill level targets. International Journal of Production Research, 48 (13): 3759-3781.

Herath H S, Herath T C. 2008. Investments in information security: A real options perspective with Bayesian postaudit. Journal of Management Information Systems, 25 (3): 337-375.

Hettinga W G, Junginger H M, Dekker S C, et al. 2009. Understanding the reductions in US corn ethanol production costs: An experience curve approach. Energy Policy, 37 (1): 190-203.

Ho S P, Liu L Y. 2002. An option pricing-based model for evaluating the financial viability of privatized infrastructure projects. Construction Management and Economics, 20 (2): 143-156.

Huang Y L, Chou S P. 2006. Valuation of the minimum revenue guarantee and the option to abandon in BOT infrastructure projects. Construction Management and Economics, 24 (4): 379-389.

Huang Y L, Pi C C. 2009. Valuation of multi-stage BOT projects involving dedicated asset investments: a sequential compound option approach. Construction Management and Economics, 27 (7): 653-666.

Huang Y, Oberman A. 2014. Numerical methods for the fractional Laplacian: A finite differencequadrature approach. SIAM Journal on Numerical Analysis，52（6）：3056-3084.

Huisman K J，Kort P M. 1999. Effects of Strategic Interactions on the Option Value of Waiting. Tilburg：Tilburg University Netherlands.

Huisman K J，Kort P M. 2015. Strategic capacity investment under uncertainty. The RAND Journal of Economics，46（2）：376-408.

Iii K B M. 2012. Modeling the implications of expanded US shale gas production. Energy Strategy Reviews，1（1）：33-41.

Ingersoll J E J，Ross S A. 1992. Waiting to invest：Investment and uncertainty. Journal of Business，1992：1-29.

Inthavongsa I，Drebenstedt C，Bongaerts J，et al. 2016. Real options decision framework：Strategic operating policies for open pit mine planning. Resources Policy，47：142-153.

Jaber M Y，El Saadany A M. 2011. An economic production and remanufacturing model with learning effects. International Journal of Production Economics，131（1）：115-127.

Jaber M Y，Guiffrida A L. 2008. Learning curves for imperfect production processes with reworks and process restoration interruptions. European Journal of Operational Research，189（1）：93-104.

Jamasb T. 2006. Technical change theory and learning curves：Patterns of progress in energy technologies. Cambridge Working Papers in Economics，28（3）：51-71.

Jiang M，Hendrickson C T，Vanbriesen J M. 2017. Life cycle water consumption and wastewater generation impacts of a Marcellus shale gas well. Environmental Science & Technology，48（3）：1911-1920.

Johnson C，Boersma T. 2013. Energy（in）security in Poland the case of shale gas. Energy Policy，53（1）：389-399.

Junginger M，de Visser E，Hjort-Gregersen K，et al. 2006. Technological learning in bioenergy systems. Energy Policy，34（18）：4024-4041.

Kahouli-Brahmi S. 2008. Technological learning in energy-environment-economy modelling：A survey. Energy Policy，36（1）：138-162.

Kaiser M J. 2012. Profitability assessment of Haynesville shale gas wells. Energy，38（1）：315-330.

Karatzas I，Shreve S. 2012. Brownian Motion and Stochastic Calculus. Berlin：Springer Science & Business Media.

Kemna A G Z. 1993. Case studies on real options. Financial Management，22（3）：259-270.

Kjaerland F. 2007. A real option analysis of investments in hydropower—The case of Norway. Energy Policy，35（11）：5901-5908.

Klaassen G，Miketa A，Larsen K，et al. 2005. The impact of R&D on innovation for wind energy in Denmark，Germany and the United Kingdom. Ecological Economics，54（2-3）：227-240.

Kou S G，Wang H. 2004. Option pricing under a double exponential jump diffusion model. Management Science，50（9）：1178-1192.

Kou S G. 2002. A jump-diffusion model for option pricing. Management Science，48（8）：1086-1101.

Kouvaritakis N，Soria A，Isoard S. 2000. Modelling energy technology dynamics：Methodology for adaptive expectations models with learning by doing and learning by searching. International Journal of Global Energy Issues，14（1-4）：104-115.

Krüger N A. 2012. To kill a real option-incomplete contracts, real options and PPP. Transportation Research Part A: Policy and Practice, 46（8）: 1359-1371.

Kuhn M, Umbach F. 2011. Strategic perspectives of unconventional gas: A game changer with implications for the EU's energy security. EU: European Centre for Energy and Resource Security.

Kumbaroğlu G, Madlener R, Demirel M. 2008. A real options evaluation model for the diffusion prospects of new renewable power generation technologies. Energy Economics, 30（4）: 1882-1908.

Kumbaroğlu G, Madlener R. 2012. Evaluation of economically optimal retrofit investment options for energy savings in buildings. Energy and Buildings, 49: 327-334.

Laurenzi I J, Jersey G R. 2013. Life cycle greenhouse gas emissions and freshwater consumption of marcellus shale gas. Environmental Science & Technology, 47（9）: 4896-4903.

Lee S C, Shih L H. 2010. Renewable energy policy evaluation using real option model—The case of Taiwan. Energy Economics, 32（5）: S67-S78.

Li C, Watada J, Zhang H. 2015. A granularity approach to compound real option in multi-stage capital investment project. Intelligent Decision Technologies, 9（4）: 331-341.

Lima G A C, Suslick S B. 2006. Estimation of volatility of selected oil production projects. Journal of Petroleum Science and Engineering, 54（3）: 129-139.

Lin B, Wesseh P K. 2013. Valuing Chinese feed-in tariffs program for solar power generation: A real options analysis. Renewable and Sustainable Energy Reviews, 28: 474-482.

Loncar D, Milovanovic I, Rakic B, et al. 2017. Compound real options valuation of renewable energy projects: The case of a wind farm in Serbia. Renewable and Sustainable Energy Reviews, 75: 354-367.

Longstaff F A, Schwartz E S. 2001. Valuing American options by simulation: A simple least-squares approach. Review of Financial studies, 14（1）: 113-147.

Majd S, Pindyck R S. 1987. The learning curve and optimal production under uncertainty. Social Science Electronic Publishing, 48（3）: 331-343.

Martínez-Ceseña E A, Mutale J. 2011. Application of an advanced real options approach for renewable energy generation projects planning. Renewable and Sustainable Energy Reviews, 15（4）: 2087-2094.

Mason R, Weeds H. 2003. Can greater uncertainty hasten investment? University of Southampton, 22（35）: 471-487.

Mason R, Weeds H. 2010. Investment, uncertainty and pre-emption. International Journal of Industrial Organization, 28（3）: 278-287.

Mastroeni L, Naldi M. 2010. A real options model for the transferability value of telecommunications licenses. Annals of Telecommunications, 65（3）: 201-210.

Matsumura T, Matsushima N. 2004. Endogenous cost differentials between public and private enterprises: A mixed duopoly approach. Economica, 71（284）: 671-688.

McDonald A, Schrattenholzer L. 2001. Learning rates for energy technologies. Energy Policy, 29（4）: 255-261.

McDonald R, Siegel D. 1987. The value of waiting to invest. Quarterly Journal of Economics,

101（4）：707-727.

Mei B，Clutter M L. 2015. Evaluating timberland investment opportunities in the United States: A real options analysis. Forest Science，61（2）：328-335.

Milne A，Whalley A E. 2000. "Time to build，option value and investment decisions": A comment. Journal of Financial Economics，56（2）：325-332.

Miltersen K R，Schwartz E S. 2007. Real options with uncertain maturity and competition. National Bureau of Economic Research.

Monjas-Barroso M，Balibrea-Iniesta J. 2013. Valuation of projects for power generation with renewable energy: A comparative study based on real regulatory options. Energy Policy，55: 335-352.

Muneer W，Bhattacharya K，Canizares C A. 2011. Large-scale solar PV investment models，tools，and analysis: The ontario case. IEEE Transactions on Power Systems，26（4）：2547-2555.

Myers S C，Majd S. 2001. Abandonment value and project life//Schwartz E S，Trigeorgis L. Real Options and Investment under Uncertainty: Classical Readings and Recent Contributions. Cambridge: Cambridge Press.

Myers S C，Turnbull S M. 1977. Capital budget and the capital asset pricing model: Good news and bad news. The Journal of Finance，32（2）：321-333.

Nadeau M，Kar A，Roth R，et al. 2010. A dynamic process-based cost modeling approach to understand learning effects in manufacturing. International Journal of Production Economics，128（1）：223-234.

Nakata T，Sato T，Wang H，et al. 2011. Modeling technological learning and its application for clean coal technologies in Japan. Applied Energy，88（1）：330-336.

Natter M，Mild A，Feurstein M，et al. 2001. The effect of incentive schemes and organizational arrangements on the new product development process. Management Science，47（8）：1029-1045.

Neij L. 2008. Cost development of future technologies for power generation—A study based on experience curves and complementary bottom-up assessments. Energy Policy，36（6）：2200-2211.

Nembhard D A，Osothsilp N. 2002. Task complexity effects on between-individual learning/forgetting variability. International Journal of Industrial Ergonomics，29（5）：297-306.

Nembhard D A，Uzumeri M V. 2000. Experiential learning and forgetting for manual and cognitive tasks. International Journal of Industrial Ergonomics，25（4）：315-326.

Nemet G F. 2006. Beyond the learning curve: Factors influencing cost reductions in photovoltaics. Energy Policy，34（17）：3218-3232.

Nishihara M，Shibata T. 2013. The effects of external financing costs on investment timing and sizing decisions. Journal of Banking & Finance，37（4）：1160-1175.

Pawlina G，Kort P M. 2001. Real options in an asymmetric duopoly: Who benefits from your competitive disadvantage? Journal of Economics & Management Strategy，15（1）：1-35.

Pendharkar P C. 2010. Valuing interdependent multi-stage IT investments: A real options approach. European Journal of Operational Research，201（3）：847-859.

Peng J，Yao K. 2011. A new option pricing model for stocks in uncertainty markets. International

Journal of Operations Research, 8 (2): 18-26.

Pennings E. 2000. Taxes and stimuli of investment under uncertainty. European Economic Review, 44 (2): 383-391.

Pennings E. 2005. How to maximize domestic benefits from foreign investments: The effect of irreversibility and uncertainty. Journal of Economic Dynamics and Control, 29 (5): 873-889.

Plaza M, Ngwenyama O K, Rohlf K. 2010. A comparative analysis of learning curves: Implications for new technology implementation management. European Journal of Operational Research, 200 (2): 518-528.

Plaza M, Rohlf K. 2008. Learning and performance in ERP implementation projects: A learning-curve model for analyzing and managing consulting costs. International Journal of Production Economics, 115 (1): 72-85.

Reuter W H, Szolgayová J, Fuss S, et al. 2012. Renewable energy investment: Policy and market impacts. Applied Energy, 97 (3): 249-254.

Ribeiro J A, Pereira P J, Brandão E. 2014. A two-factor uncertainty model to determine the optimal contractual penalty for a build-own-transfer project. Universidade do Porto, Faculdade de Economia do Porto.

Rothwell G. 2006. A real options approach to evaluating new nuclear power plants. The Energy Journal, 27 (1): 37-53.

Sabour S A A. 1999. Decision making with option pricing and dynamic programming: Development and application. Resources Policy, 25 (4): 257-264.

Salameh M K, Jaber M Y. 2010. Economic production quantity model for items with imperfect quality. International Journal of Production Economics, 64 (1): 59-64.

Santos L, Soares I, Mendes C, et al. 2014. Real options versus traditional methods to assess renewable energy projects. Renewable Energy, 68: 588-594.

Sarkar S. 2012. Attracting private investment: Tax reduction, investment subsidy, or both? Economic Modelling, 29 (5): 1780-1785.

Scanlon B R, Reedy R C, Nicot J. 2014. Comparison of water use for hydraulic fracturing for unconventional oil and gas versus conventional oil. Environmental Science & Technology, 48 (20): 12386-12393.

Schoots K, Ferioli F, Kramer G J, et al. 2008. Learning curves for hydrogen production technology: An assessment of observed cost reductions. International Journal of Hydrogen Energy, 33 (11): 2630-2645.

Schwartz E S, Moon M. 2000. Rational pricing of internet companies. Financial Analysts Journal, 56 (3): 62-75.

Schwartz E, Smith J E. 2000. Short-term variations and long-term dynamics in commodity prices. Management Science, 46 (7): 893-911.

Schweitzer R, Bilgesu H I. 2009. The role of economics on well and fracture design completions of Marcellus Shale wells. SPE Eastern Regional Meeting, Society of Petroleum Engineers.

Scott-Kemmis D, Bell M. 2010. The mythology of learning-by-doing in World War II airframe and ship production. International Journal of Technological Learning, Innovation and Development,

3（1）：1-35.

Seta M D，Gryglewicz S，Kort P M. 2012. Optimal investment in learning-curve technologies. Journal of Economic Dynamics & Control，36（10）：1462-1476.

Shibata T，Nishihara M. 2015. Investment timing，debt structure，and financing constraints. European Journal of Operational Research，241（2）：513-526.

Siddiqui A，Fleten S. 2010. How to proceed with competing alternative energy technologies：A real options analysis. Energy Economics，32（4）：817-830.

Sing T F. 2002. Time to build options in construction processes. Construction Management & Economics，20（2）：119-130.

Slade M E. 2001. Valuing managerial flexibility：An application of real-option theory to mining investments. Journal of Environmental Economics and Management，41（2）：193-233.

Smit H T，Trigeorgis L.2006. Real options and games：Competition，alliances and other applications of valuation and strategy. Review of Financial Economics，15（2）：95-112.

Smith J E，McCardle K F. 1999. Options in the real world：Lessons learned in evaluating oil and gas investments. Operations Research，47（1）：1-15.

Takashima R，Goto M，Kimura H，et al. 2008. Entry into the electricity market：Uncertainty，competition，and mothballing options. Energy Economics，30（4）：1809-1830.

Taylor M R，Rubin E S，Hounshell D A. 2003. Effect of government actions on technological innovation for SO_2 control. Environmental Science & Technology，37（20）：4527-4534.

Thijssen J J，Huisman K J，Kort P M. 2012. Symmetric equilibrium strategies in game theoretic real option models. Journal of Mathematical Economics，48（4）：219-225.

Trigeorgis L. 1991. A log-transformed binomial numerical analysis method for valuing complex multi-option investments. Journal of Financial and Quantitative Analysis，26（3）：309-326.

Trigeorgis L. 1993. The nature of option interactions and the valuation of investments with multiple real options. Journal of Financial & Quantitative Analysis，28（1）：1-20.

Trigeorgis L. 1996. Real Options：Managerial Flexibility and Strategy in Resource Allocation. Cambridge：MIT Press.

Truong C，Trück S. 2016. It's not now or never：Implications of investment timing and risk aversion on climate adaptation to extreme events. European Journal of Operational Research，253（3）：856-868.

Tufano P，Moel A. 2000. Bidding for the Antamina Mine—Valuation and Incentives in a Real Option Context. Project Flexibility, Agency，and Competition. Oxford：Oxford University Press.

Valko P. 2009. Assigning value to stimulation in the Barnett Shale：A simultaneous analysis of 7000 plus production hystories and well completion records. SPE Hydraulic Fracturing Technology Conference.Society of Petroleum Engineers.

van Bekkum S，Pennings E，Smit H. 2009. A real options perspective on R&D portfolio diversification. Research Policy，38（7）：1150-1158.

van der Zwaan B，Rabl A. 2003. Prospects for PV：A learning curve analysis. Solar Energy，74（1）：19-31.

Wahab M，Jaber M Y. 2010. Economic order quantity model for items with imperfect quality，different holding costs, and learning effects: A note. Computers & Industrial Engineering, 58 (1): 186-190.

Weber C L, Clavin C. 2012. Life cycle carbon footprint of shale gas: Review of evidence and implications. Environmental Science & Technology, 46 (11): 5688-5695.

Weeds H. 2002. Strategic delay in a real option model of R&D competition. Review of Economic Studies, 69 (3): 729-747.

Weijermars R. 2013. Economic appraisal of shale gas plays in Continental Europe. Applied Energy, 106 (11): 100-115.

Weijermars R. 2015. Shale gas technology innovation rate impact on economic base case—scenario model benchmarks. Applied Energy, 139: 398-407.

Weiss M, Junginger M, Patel M K, et al. 2010. A review of experience curve analyses for energy demand technologies. Technological Forecasting and Social Change, 77 (3): 411-428.

Wesseh P K, Lin B. 2015. Renewable energy technologies as beacon of cleaner production: A real options valuation analysis for Liberia. Journal of Cleaner Production, 90: 300-310.

Wesseh P K, Lin B. 2016. A real options valuation of Chinese wind energy technologies for power generation: Do benefits from the feed-in tariffs outweigh costs? Journal of Cleaner Production, 112: 1591-1599.

Williams N J, Jaramillo P, Taneja J, et al. 2015. Enabling private sector investment in microgrid-based rural electrification in developing countries: A review. Renewable and Sustainable Energy Reviews, 52: 1268-1281.

Won C. 2009. Valuation of investments in natural resources using contingent-claim framework with application to bituminous coal developments in Korea. Energy, 34 (9): 1215-1224.

Wong K P. 2007. The effect of uncertainty on investment timing in a real options model. Journal of Economic Dynamics and Control, 31 (7): 2152-2167.

Wright T P. 1936. Factors affecting the cost of airplanes. Journal of the Aeronautical Sciences, 3 (4): 122-128.

Xia L, Luo D. 2014. A method for calculating economic critical depth of shale gas resources in China via break-even analysis. Journal of Natural Gas Science and Engineering, 21: 1091-1098.

Xia L, Luo D, Yuan J. 2015. Exploring the future of shale gas in China from an economic perspective based on pilot areas in the Sichuan basin—A scenario analysis. Journal of Natural Gas Science and Engineering, 22: 670-678.

Xu B, Feng L, Ao X. 2016. Shale gas development economy and its influencing factors based on pennsylvania. Management Science and Engineering, 1B (5): 16-24.

Yan G, Hanson F B. 2006.Option pricing for a stochastic-volatility jump-diffusion model with log-uniform jump-amplitudes. American Control Conference.

Yan S. 2011. Jump risk, stock returns, and slope of implied volatility smile. Journal of Financial Economics, 99 (1): 216-233.

Yang M, Blyth W, Bradley R, et al. 2008. Evaluating the power investment options with uncertainty in climate policy. Energy Economics, 30 (4): 1933-1950.

Yeh S, Rubin E S. 2007. A centurial history of technological change and learning curves for pulverized coal-fired utility boilers. Energy，32（10）：1996-2005.

Yeh S，Rubin E S. 2012. A review of uncertainties in technology experience curves. Energy Economics，34（3）：762-771.

Yeo K T，Qiu F. 2003. The value of management flexibility—a real option approach to investment evaluation. International Journal of Project Management，21（4）：243-250.

Yu C，Chang T，Fan C. 2007. FDI timing：Entry cost subsidy versus tax rate reduction. Economic Modelling，24（2）：262-271.

Yuan J，Luo D，Feng L. 2015. A review of the technical and economic evaluation techniques for shale gas development. Applied Energy，148：49-65.

Zhang M M，Zhou P，Zhou D Q. 2016. A real options model for renewable energy investment with application to solar photovoltaic power generation in China. Energy Economics，59：213-226.

Zhu L，Zhang Z，Fan Y. 2015. Overseas oil investment projects under uncertainty：How to make informed decisions? Journal of Policy Modeling，37（5）：742-762.

本书主要符号表

$q(t)$	开发企业在 t 时刻的采气量
r	无风险收益率
π	页岩气开发项目投资的瞬时收益
α	期望增长率，几何布朗运动的漂移率
σ	瞬时波动率，几何布朗运动的方差参数
n	页岩气钻井数量/口
I	页岩气开发项目前期投资沉没成本
K	技术学习成本
c	采气运营成本
Q	技术可采气总量
q_0	页岩气井初始采气量
p_0	页岩气初始价格
x	市场需求参数
$p(t)$	页岩气在 t 时刻的价格
Θ	合作效率参数
w	社会收益
υ	产气量递减率
θ	钻井成功率
T	页岩气项目技术可开采期限
F	期权价值
V	项目价值
E	期望值

致 谢

本书研究内容获得国家自然科学基金项目"我国非常规油气开发技术工程化实现的投资激励策略研究"（项目编号：71473193）及国家自然科学基金项目"我国非常规油气开发的环境污染源辨识、评估及其信息共享策略研究"（项目编号：71774130）的资助。

本书的顺利出版得到了作者所属研究中心的大力支持，特别感谢教育部高等学校软科学研究基地中国管理问题研究中心为本书的面世提供硬件设施与办公条件。